# Mein Sprachbuch 3

**Ausgabe Bayern**

Gabi Hahn, Regensburg
Margit Haneder, Regensburg
Ursula Köppl, Regensburg
Ursula von Kuester, Herrsching
Theresia Pristl, Regensburg
Johanna Schmidt, Regensburg
Sonja Syemushyn, Regensburg

Oldenbourg Schulbuchverlag, München

**Redaktion:**
Angela Ziegler-Heitbrock, Herrsching

**Illustration:**
Sigrid Leberer, Christa Unzner

**Umschlagkonzept:**
Mendell & Oberer, München

**Umschlaggestaltung und Layoutkonzept:**
Erasmi + Stein, München

**Layout und technische Umsetzung:**
Ines Schiffel, Berlin

**Textrechte:**
S. 44: Wolfgang Borchert: Winter. In: Wolfgang Borchert: Das Gesamtwerk. Rowohlt Verlag, Reinbek 1949, S. 69: Carl Orff, Gunild Keetman: Jeder spielt so gut er kann. In: Orff-Schulwerkstatt, Bd. 1. Schott Music, Mainz 1950, S. 74: Wilhelm Busch, Rotkehlchen. In: Rolf Hochhuth (Hrsg.), Wilhelm Busch. Sämtliche Werke und eine Auswahl der Skizzen und Gemälde. Bd. 1: Und die Moral von der Geschicht. C. Bertelsmann Verlag, München 1982, S. 91: Ernst Jandl, Der künstliche Baum. In: Ernst Jandl, Der künstliche Baum. Luchterhand Literaturverlag, Neuwied 1970.

**Bildnachweis:**
S. 14: Fotolia/© Froggy; S. 15: Interfoto/Werle; S. 28.1: F. Oetinger Verlag, Hamburg; S. 28.2: mauritius images/imageBROKER/Michael Krabs, S. 37.1: mauritius images/Alamy; S. 37.2: Imago; S. 37.3: GlowImages/Caia image; S. 37.4: mauritius images/Alamy; S. 45: Gabi Hahn, Regensburg; S. 46: Gabi Hahn, Regensburg; 46.M.r.: © JUMBO Neue Medien & Verlag GmbH; S. 52.o.r.: Gabi Hahn, Regensburg; S. 53: Gabi Hahn, Regensburg; S. 67: Gabi Hahn, Regensburg; S. 72: Angela Ziegler-Heitbrock, Herrsching; S. 73: Your Photo Today; S. 75.1: Interfoto/ARDEA/M. Watson; S. 75.2: mauritius images/Harry Walker; S. 75.3: mauritius images/Alamy; S. 75.4: mauritius images/imageBROKER/Franz Christoph Robiller; S. 75.5: mauritius images/United Archives; S. 75.6: mauritius images/imageBROKER/Franz Christoph Robiller; S. 76.1: Fotolia/©emer; S. 81.1: Your Photo Today; S. 81.2: Fotolia/©Klaus Rose; S. 81.3: Fotolia/©manfredxy; S. 81.4: Your Photo Today; S. 81. 5: Your Photo Today; S. 88: akg-images/Science Photo Library; S. 97.1: mauritius images/dieKleinert; S. 97.2: Shutterstock/©bluecrayola; S. 97.3: Fotolia/©Natalia Rashevskaya; S. 98: mauritius images/Detlev van Ravenswaay; S. 102: akg-images/IAM; S. 104: Imago; S. 109.1: Anemone Fesl, Ismaning; S. 109.2: Bild: PHOENIX; S. 109.3: Interfoto/Sammlung Rauch; S. 111.u.l.: Shutterstock/© marekusz; S. 111.u.r.: Fotolia/© FotoKachna; S. 112.l.v.o.n.u.: alle: Fotolia: ©beugdesign; ©kristina rütten; ©OlegD; ©kab-vision; ©stockcreations; ©sil007; 112.r.o.: Fotolia/© bzyxx; S. 112.r.u.: Fotolia/©mallivan; S. 114: Gabi Hahn, Regensburg; S. 118.1: Fotolia/©alessandro0770; S. 118.2: Fotolia/©giemmephoto; S. 118.3: GlowImages/ImageBROKER; S. 128/129: Gabi Hahn, Regensburg.

**Kennzeichnung der Anforderungsbereiche:**

③ Wiedergeben (AB 1)

③ Zusammenhänge herstellen (AB 2)

③ Reflektieren und beurteilen (AB 3)

Die **Wörterschulen** beinhalten den Grundwortschatz der Jahrgangsstufen 1, 2 und 3. Wörter mit * passen zu der jeweiligen Rechtschreibstrategie und ergänzen den Arbeitswortschatz.

Übe Lernwörter und weitere eigene Wörter mit der Wörterbox.

**www.cornelsen.de**

1. Auflage, 6.Druck 2024

Alle Drucke dieser Auflage sind inhaltlich unverändert und können im Unterricht nebeneinander verwendet werden.



Druck: Livonia Print, Riga

ISBN 978-3-7627-0514-7

# Inhaltsverzeichnis

# Meine Rechtschreib-Tricks

**Rechtschreib-Trick:**
**Sil-ben spre-chen!**

Ich spre-che
beim Schrei-ben
in Sil-ben mit
und hö-re die Lau-te
Schritt für Schritt.

**Rechtschreib-Trick:**
**An Regeln denken!**

Richtig schreiben
ist nicht schwer,
kleine Regeln
helfen sehr.

**Rechtschreib-Trick:**
**Üben und merken!**

Ich übe die Wörter
und merke sie mir,
besondere Stellen
sage ich dir:
Mai mit ai.

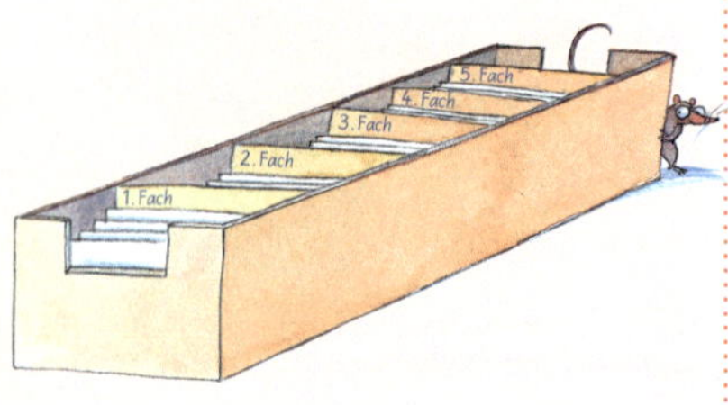


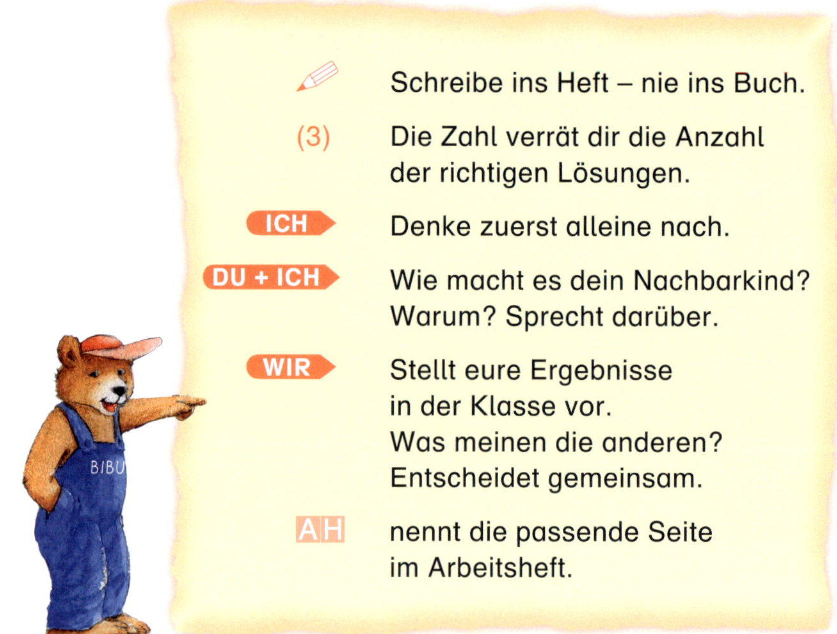

Melodie nach: Jetzt fängt das schöne Frühjahr an, volkstümlich

2. In Sil-ben spre-chen, das ist gut,
der 1. Rechtschreib-Trick macht Mut –
zu Haus' und in der Schul' und überall.

3. Das Wort verlängern mit Geschick,
ich denke nach, mein 2.Trick –
zu Haus' und in der Schul' und überall.

4. Ein Merkwort übe ich mit Fleiß,
den 3. Rechtschreib-Trick ich weiß –
zu Haus' und in der Schul' und überall.

Auf manchen Seiten siehst du am Rand eine Wörterschule.
Wie du die Wörter darin üben kannst, erfährst du
auf → Seite 121.

# ① Das kann ich schon – aus der 2. Klasse

Bibu hat auf dieser Seite Fehler versteckt.
Die Kontrollzahl (24) verrät dir jeweils, wie viele.
Schreibe immer alle Wörter richtig auf.

**1 1. Rechtschreib-Trick: Sil-ben spre-chen!**
der Esl, die Ampel, gehen, laufn, kommen, könen, müssen (3)

**2 2. Rechtschreib-Trick: An Regeln denken!**

a) Auf die Plätze, fertig, los – Satzanfänge schreibt man groß!
pass gut auf! hier sind zwei Fehler. (2)

b) Merk dir bloß: Nomen schreibt man groß.
Mindestens zwei Tests müssen passen.
Nomentest: anfassen? ddd Artikel? MZ Mehrzahl?
maler, klein, katze, eis, weit, also (3)

c) Verlängere ich das Wort, weiß ich die Schreibung sofort.
**g** oder **k**, **b** oder **p**, **d** oder **t**?
er lebt, sie sakt, der Tak, das Pfert, gelp, rot, gesunt (5)

Doppelte Konsonanten?
er rollt, ihr müst, es soll, er wil, sie füllt, es komt, ich kan (4)

**i** oder **ie**?
er singt, sie fligt, es liegt, ich finde, du spilst, vil, lieb, wild (3)

d) Zusammengesetzte Nomen: ein Ding – ein Wort
Milchschokolade, Haus Schuhe, Ohr Ring (2)

e) **Ä/ä** oder **E/e**? Zu Wörtern mit **Ä/ä**, das ist mir bekannt,
sind Wörter mit **A/a** häufig verwandt.
die Äste, das Ände, die Hände, es hält, er lärnt, sie wäscht (2)

**3 3. Rechtschreib-Trick: Üben und merken!**
Schreibe zum Bild das Wort. Überprüfe mit der Wörterliste ab Seite 130 oder mit dem Wörterbuch.

 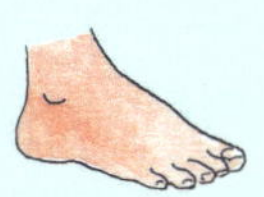 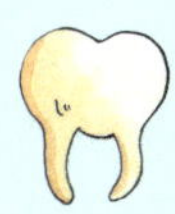  

1 Sil-ben spre-chen!

2 An Regeln denken!
a) Satzanfänge groß
b) Nomen groß

c) Wörter länger machen
d) Ein Ding – ein Wort
e) Verwandte Wörter suchen:
ä → a,
äu → au

3 Üben und merken – oder nachschlagen!

AH Seite 4, 5, 6

# ① Überprüfen und im Sprachbuch blättern

Hier findest du die Lösungen zu Seite 5.

→ S. 12 S. 20 S. 26

① **1. Rechtschreib-Trick: Sil-ben spre-chen!**
der Esel, die Ampel, gehen, laufen, kommen, können, müssen (3)

② **2. Rechtschreib-Trick: An Regeln denken!**

→ S. 8, 9

a) Auf die Plätze, fertig, los – Satzanfänge schreibt man groß!
**P**ass gut auf! **H**ier sind zwei Fehler. (2)

→ S. 25 S. 47, 79 S. 119

b) Merk dir bloß: Nomen schreibt man groß.
Mindestens zwei Tests müssen passen.
Nomentest: anfassen? ddd Artikel? MZ Mehrzahl?

der **M**aler, klein, die **K**atze, das **E**is, weit, also (3)

→ S. 43 S. 63

c) Verlängere ich das Wort, weiß ich die Schreibung sofort.
g oder k, b oder p, d oder t?
er lebt – leben, sie sa**g**t – sagen, der Ta**g** – die Tage, das Pfer**d** – die Pferde, gel**b** – gelbe, rot – rote, gesun**d** – gesunde (5)

→ S. 56 S. 57

Doppelte Konsonanten?
er rollt: rol-len, ihr mü**ss**t: müs-sen, es soll: sol-len, er wi**ll**: wol-len, sie füllt: fül-len, es ko**mm**t: kom-men, ich ka**nn**: kön-nen (4)

→ S. 33 S. 49

i oder ie?
er singt – sin-gen, sie fl**ie**gt – flie-gen, es liegt – lie-gen, ich finde – fin-den, du sp**ie**lst – spie-len, v**ie**l – vie-le, lieb – lie-ben, wild – wil-der (3)

→ S. 24

d) Zusammengesetzte Nomen: ein Ding – ein Wort
Milchschokolade, Hau**ss**chuhe, Oh**rr**ing (2)

→ S. 42

e) Ä/ä oder E/e? Zu Wörtern mit Ä/ä, das ist mir bekannt, sind Wörter mit A/a häufig verwandt.
die Äste – der Ast, das **E**nde, die Hände – die Hand, es hält – halten, er l**e**rnt, sie wäscht – waschen (2)

→ S. 13 S. 64 S. 80 S. 103 S. 117

③ **3. Rechtschreib-Trick: Üben und merken!**
Schreibe zum Bild das Wort.
Überprüfe mit der Wörterliste ab Seite 130 oder mit dem Wörterbuch.

Uhr Fuß Zahn Hai Mädchen

Die grünen → Seitenangaben verraten dir, was du in der 3. Klasse zu den Rechtschreib-Tricks lernst. Schlag nach!

Bist du mit deinem Ergebnis zufrieden?
Male zu jeder Aufgabe passend: ☺ 😐 ☹

😐 ☹ Wie willst du üben?
Sprich auch mit deiner Lehrerin, deinem Lehrer.

### Gesprächsregeln

1 Welche Gesprächsregeln sind in diesem Gedicht wichtig?

1. Strophe
Wenn du sprichst, hör ich dir zu,
denke nach in aller Ruh.
Was kann ich dazu noch sagen?
Will ich dich auch etwas fragen?

2. Strophe
Doch du sprichst, kommst nicht zum Schluss,
siehst nicht, wie ich warten muss.
Nimm mich bitte endlich dran,
dass auch ich noch reden kann!

3. Strophe
Nun sprech ich: Ihr seid so still.
Wundervoll! Wie ich es will!
Was ich heute Schönes weiß,
sag ich gern in unsrem Kreis.

4. Strophe
Nachher schaue ich euch an.
Wen von hier nehm' ich nun dran?
Wer schaut freundlich zu mir her?
Jetzt spricht (Name), bitte sehr.

Johanna Schmidt und Renate Schmidt

2 Bildet einen Erzählkreis → Seite 123/1.
Überlegt, welche Gesprächsregeln für euch wichtig sind.
Ihr könnt dazu ein Plakat gestalten.

3 Wie lernen die Kinder das Gedicht auswendig?

Samuel:
Ich mache eine **Lernwanderung**.
Jede Strophe liegt an einem anderen Platz ...

Sara:
Ich **male** zu jeder Strophe ein Bild.
Dann ...

Chris:
Zu jeder Strophe schreibe ich mir **Stichpunkte** auf ...

4 Lerne das Gedicht auswendig. Bestimme den Tag, an dem du es frei vortragen willst. Erkläre, was dir beim Lernen geholfen hat.

5 Erkläre, wie du gelernt hast. Wie haben andere gelernt? Frage sie.

**Tipps zum Auswendiglernen:**

- Ort wechseln
- Bilder malen
- Stichpunkte aufschreiben
- ...

In der 3. Klasse

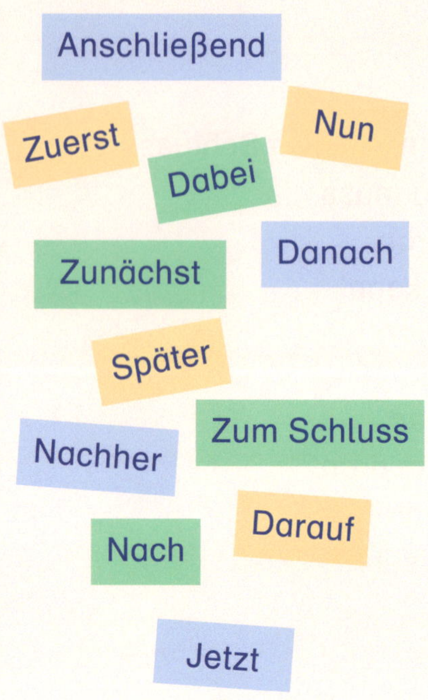


## Mein Pausenbrot

1. Hast du dein Pausenbrot schon einmal selbst zubereitet? Erkläre, wie du das gemacht hast.

2. Samuel und Emma tauschen ihre Pausenbrote.
„Mhm! Dein Pausenbrot schmeckt lecker!“, meint Emma.
„Wie hast du das gemacht?“

Ergänze Samuels Beschreibung mit passenden Satzanfängen. Am Rand findest du Hilfe.

Zutaten:
2 Scheiben Vollkornbrot
1 Scheibe Putenbrust
2 Scheiben Tomaten
1 Esslöffel Quark
1 Scheibe Käse
1 Salatblatt

___ bestreiche ich die beiden Brotscheiben mit Quark. ___ lege ich auf die erste Scheibe Brot die Putenbrustscheibe und den Käse. ___ gebe ich noch die Tomaten und den Salat darauf. ___ klappe ich die zweite Brotscheibe vorsichtig auf das fertige Brot. ___ muss ich die Seite mit dem Quark auf den Salat legen. ___ packe ich mein Brot in die Pausenbox.

3. Abwechslungsreiche Satzanfänge!
Gestaltet dazu ein Plakat.

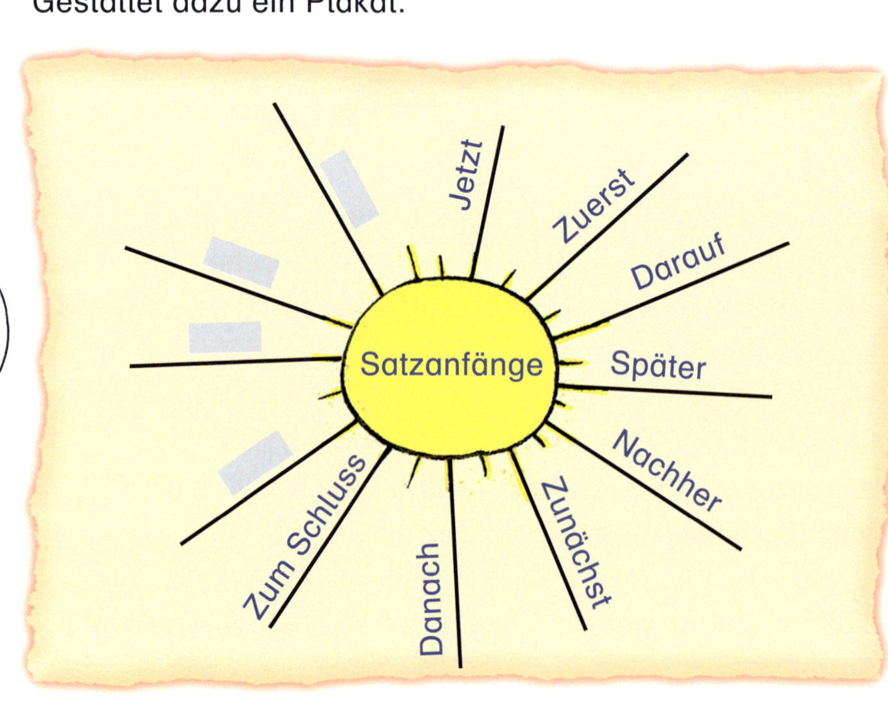

4 Emma schreibt auf, was sie gehört hat.
Achte auf die Satzanfänge. Was ist hier anders?

Ich bestreiche beide Brotscheiben mit Quark. Auf die erste Scheibe Brot lege ich die Putenbrustscheibe und den Käse. Darauf gebe ich die Tomaten und den Salat. ...

5 Verändere die Satzanfänge. Stelle die Wörter im Satz um.
Mit welchem Wort beginnt dein Satz?
Vergleicht und bewertet eure Lösungen:

An dieser Stelle gefällt mir der Satzanfang ..., weil ...

Ich klappe vorsichtig die zweite Brotscheibe auf das fertige Brot. Ich muss dabei die Seite mit dem Quark auf den Salat legen. Ich packe mein Brot nun in die Pausenbox.

6 Wie bereitest du dein Pausenbrot zu? Beschreibe genau der Reihe nach. Dann versteht man deine Beschreibung gut. Textekartei → Seite 127

| | | |
|---|---|---|
| Vollkornbrot | Butter | Käse |
| Knäckebrot | Margarine | Wurst |
| Vollkornbrötchen | Tomatenmark | Gurkenscheiben |
| Reiswaffel | Quark | Paprikascheiben |
| Bauernbrot | Frischkäse | Tomatenscheiben |
| ... | ... | ... |

Wir sammeln unsere Rezepte in einem kleinen Buch.

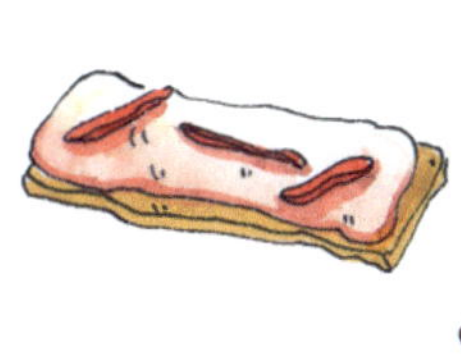

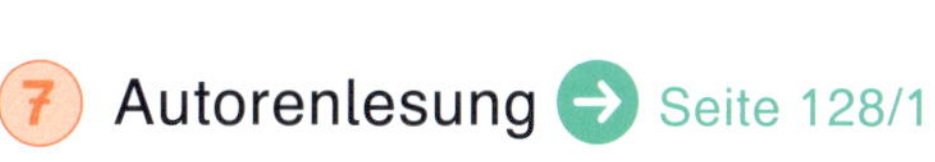

7 Autorenlesung → Seite 128/1
Ein Kind liest vor der Gruppe vor, die anderen hören genau zu und sagen, was ihnen gefällt und was noch verbessert werden kann. Achtet besonders auf die Satzanfänge.

8 Überlege nach der Autorenlesung: Was willst du verbessern? Wann? Soll dir jemand helfen? Wer?

Abwechslung macht allen Spaß,
bei Satzanfängen merke ich das.
Zuerst ...
Nun ...
Danach ...

oder:
Sätze umstellen.

Textekartei  S. 124/5

## Artikel

1 **der**, **die**, **das**: der Artikel bestimmt das **Geschlecht** eines Nomens.

DU + ICH Sammelt Nomen und ordnet sie so.

| der | die | das |
|---|---|---|
| der Mann | die Frau | das Kind |

2 Tastspiel: Was kann unter dem Tuch sein? Rate.

Sprich so: **ein** Bleistift, **eine** Box, …

3 Nach dem Spiel bekommt jedes Kind seine Dinge zurück. Wem gehört was?

Sprich so: Mir gehört **der** Bleistift. Mir gehört **die** …

Hier haben die Nomen andere Artikel. Warum?

4 **eine**, **ein**, **der**, **die**, **das**:
Welche Artikel sind **bestimmte Artikel** (3)?
Welche Artikel sind **unbestimmte Artikel** (2)?
Schreibe jedes Nomen vom Rand mit dem unbestimmten und mit dem bestimmten Artikel.

5 Ergänze: ein (2), eine (2), die (1), das (2).

Ich habe von Oma ___ Schultasche bekommen.
Sie sieht aus wie ___ Koffer und man kann sie ziehen.
Aus meiner alten Schultasche hole ich ___ Mäppchen und ___ Pausenbox. Für ___ dritte Schuljahr kaufe ich ___ Hausaufgabenmappe und ___ Lineal.

6 ddd Passt **der**, **die**, **das** oder **eine**, **ein**, dann können es nur Nomen sein.

Schreibe die Nomen (5) mit dem **unbestimmten** Artikel.

ETWAS, DING, MILCH, NEU, GEHÖREN, FINGER, DIESE, FLASCHE, WELCHE, FREUDE, GLEICH

Artikel begleiten Nomen.

**Bestimmte Artikel:**
**der**, **die**, **das**.

**Unbestimmte Artikel:**
**eine**, **ein**.



AH Seite 10

**Verben**

1 ICH Welche Wörter sind Verben (3)?
Wie erkennst du Verben? Überlege.

SCHREIBHEFT, SCHREIBEN, LEHRER, TISCH, LERNEN, LERNAUFGABE, TURNEN, TURNHALLE

2 DU + ICH Lass dir von deinem Nachbarkind erklären, wie es Verben erkennt. Was meinst du dazu?

3 WIR Sprecht in der Klasse über die Wortart Verb. Was haben andere entdeckt? Einigt euch auf Methoden, wie ihr Verben finden könnt.

4 Nicht nur ich, auch andere **Personen** können etwas tun. Zu jeder Person gehört eine bestimmte **Personalform** des Verbs.
Schreibe alle Personalformen von **machen** untereinander auf: ich mache
du ...

| | | |
|---|---|---|
| ich | mach | -e |
| du | | -st |
| er | | -t |
| sie | | -t |
| es | | -t |
| wir | | -en |
| ihr | | -t |
| sie | | -en |

5 Was bleibt in den Personalformen von Aufgabe 4 gleich? Rahme ein.
Markiere die Wortbausteine am Ende gelb: ich mach e

6 Schreibe zu den Verben (3) aus Aufgabe 1 alle Personalformen. Rahme jeweils den Wortstamm ein. Markiere die Endungen gelb.

Schreibe so: ich schreib e, du ...

7 Suche in der Wörterliste ab Seite 130 diese Verben. Sie stehen dort in der **Grundform**.
Erinnere dich: Woran erkennst du die Grundform?

ich warte, sie kommt, es sitzt, du gehst, ich suche, du rufst, ihr braucht, ich danke, wir denken, du liegst, er trägt, ich liebe, du rollst, er zahlt, wir zeigen, er soll, du isst, er wirft, sie läuft, es scheint, sie zahlt

Schreibe die Verben in der Personalform und in der Grundform: ich warte – warten, sie kommt – ...

**Verben** ich

Zu jeder **Personalform** gibt es eine **Grundform**.
ich schreibe – schreiben

AH Seite 8

**Wörterschule**

acht*
Ding
eins*
elf*
Finger
fünf*
Geschichte
neun*
schlecht
weinen
zwölf*

Erkenn' den Silbenkern im Nu, mit **a**, **e**, **i** und **o** und **u**.
Umlaute und Zwielaute kommen noch dazu!

Wir **trennen** Wörter am Zeilenende **nach Sil-ben**.

Achtung:
Ein Buchstabe allein, das darf nicht sein!
Amei-se, Oma

## Sil-ben

1. Welche Buchstabengruppen bilden Silbenkerne? Wie heißen sie? Wie nennen wir die anderen Buchstaben?

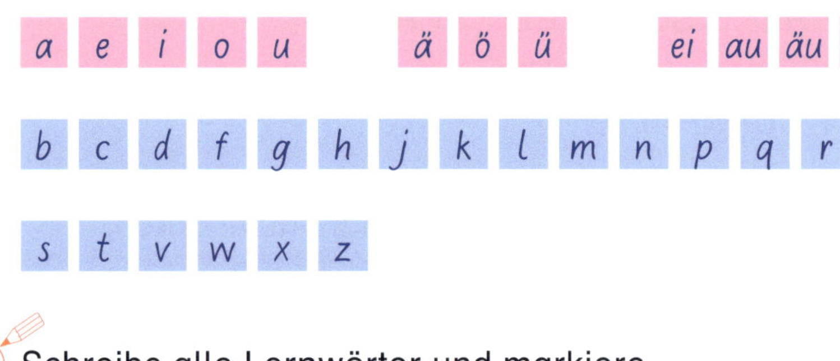


2. Schreibe alle Lernwörter und markiere die Buchstaben farbig wie in Aufgabe 1.

3. Zeichne unter deine Wörter Silbenbögen. Was entdeckst du in **jeder** Silbe genau einmal?

4. Silben mit einem Silbenkern am Ende nennen wir offene Silben: wei, ro, Ge, sie, te, …

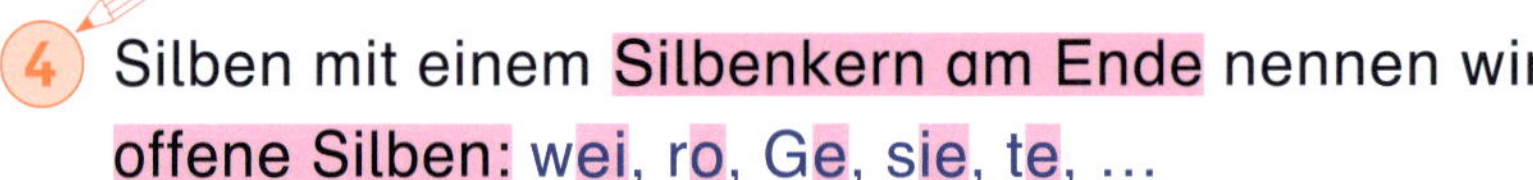

Silben mit einem Konsonanten am Ende heißen geschlossene Silben: elf, nen, schich, ter, Ding, …

Kennzeichne in deinen Wörtern aus Aufgabe 3 die Silbenenden: offene Silben rosa und geschlossene Silben blau.

5. DU + ICH Zeichnet eine Tabelle mit zwei Spalten:

| offene Silben | geschlossene Silben |
|---|---|
| | |

Zerlegt die Wörter in Silben und ordnet diese ein:

Hose, gehen, Apfel, Regen, zeigen, trinken, Ziege, Stunde, Katze, holen, scheinen, gesund, danken, Auge, arbeiten, dunkel, sitzen, spielen, Sterne, Kinder.

6. Wichtig! Trenne Wörter am Zeilenende **nur** nach einer Silbe. Achtung: Ein Buchstabe in einer Zeile allein, das darf nicht sein! Schreibe – wenn möglich – getrennt auf.

Einmeterbrett, Achter, zwölferlei, Opa, Dinge, weinen, Buntstift, Tafel, aber, schlecht, Ringfinger, Ameise, neue, Piratengeschichten, fünfzig, neunzehn, verschlechtern


AH Seite 7

## Lernen lernen: Richtig abschreiben

Käfer mit ä!

1 Schreibe jedes Lernwort so ab:
- Lies jedes Wort genau, sprich deut-lich in Sil-ben.
- Benenne besondere Stellen: ab … mit b
- Schreibe das Wort.
- Vergleiche Sil-be für Sil-be mit der Vorlage.

Käfer

2 Schreibe zu jedem Satz die passenden Lernwörter.
Finde weitere Wörter, die zu den Regeln passen.

Ich schreibe **ä**, aber es gibt dazu kein Wort mit **a** (2).
Ich höre am Wortende **p**, aber ich schreibe **b** (2).
Nach dem kurzen Vokal folgt ein doppelter Konsonant (2).
Ich schreibe **ie**, es ist aber nicht am Silbenende (1).
Ich merke mir **eh** (1). Ich merke mir **tzt** (1).

3 Wie kannst du Wörter mit besonderen Stellen üben?
Überlege dir dazu einen Lernplan. Überprüfe nach zwei Monaten:
- Bist du dem Plan gefolgt?
- Schreibst du die Wörter richtig?

4 Ordne nach dem Wortstamm (4).

zuletzt, Märchen, ab, hierauf, Letzter, hier, märchenhaft, herab, verletzen, hierbei, Märchenbuch, hiervon, Märchenerzähler, unverletzt, hinab, vorab

Schreibe und umrahme so: zu|letzt|, |Letzt|er …

5 Schreibe Texte immer so ab:
- Gliedere jeweils einen Satz in Abschnitte.
- Lies einen Abschnitt. Sprich deut-lich in Sil-ben.
- Benenne besondere Stellen.
- Schreibe den kleinen Abschnitt.
- Vergleiche Wort für Wort mit der Vorlage.

*Ein Märchenprinz*

*An einer Quelle sitzen Kinder. Es ist hier sehr bequem. Ab und zu summt eine Biene. Dann und wann krabbelt ein Käfer über einen Stein. Auf einmal quakt ein Junge: „Ich bin ein Märchenprinz!“ Die Mädchen quieken und laufen zuletzt weg. Ob sie nun den Buben ärgern wollen?*

AH Seite 9

**Wörterschule**

ab
dann
hier
Käfer
Märchen
ob
sehr
wann
zuletzt

Mir hilft die Wörterbox!

**Üben und merken!**

Ich übe die Wörter und merke sie mir, besondere Stellen sage ich dir:
Mai mit ai.

Seite 122

## Waldameisen

Die Klasse 3b macht einen Unterrichtsgang in den Wald. Der Förster führt sie zu einem riesigen Ameisenhügel.

Wie alt können sie werden?

Wie hoch ist ein Ameisenhügel?

Der Hügel der Roten Waldameise ist oft über einen Meter hoch und kann einen Umfang von vier Metern oder mehr haben. Der Bau geht mindestens so tief in die Erde wie der Hügel hoch ist.

1. Die Kinder haben viele Fragen. Zu welchen Fragen gibt der Förster Auskunft?

2. Am nächsten Tag liest Anna aus ihrem Tierlexikon vor. Wie sollte sie sprechen? Wie sollte sie betonen, wo kann sie Pausen machen? Lies und erkläre.

In einem Ameisennest leben oft über eine Million Ameisen. Die meisten sind Arbeiterinnen. Sie versorgen ihr Ameisenvolk mit Nahrung, kümmern sich um die Brut und füttern die Königin. Ameisenköniginnen sind größer als andere Ameisen. Nur sie legen Eier und sorgen somit für Nachwuchs. Die Arbeiterinnen kümmern sich um die Aufzucht und um die Verpflegung und Verteidigung ihres Ameisenvolkes. Nur die Königinnen können sich fortpflanzen.

Ameisen können ihr Nest heizen. Wenn die Sonne scheint, kommen viele der Tierchen heraus und sonnen sich. Dadurch speichern sie Wärme in ihrem Körper. Anschließend laufen sie in den unterirdischen Teil ihres Hügels. Die Wärme, die sie dort abgeben, steigt nach oben und heizt das ganze Nest.

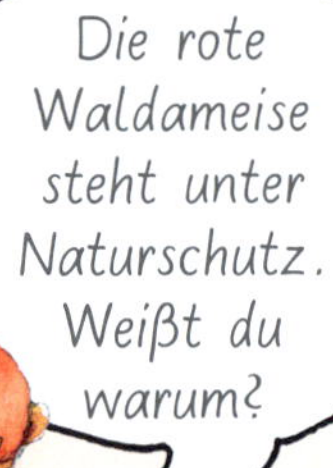


3. Ein Kind liest den Lexikontext laut vor. Die anderen hören gut zu. Sie merken sich Wichtiges, damit sie später darüber berichten können. Du kannst dir auch Stichpunkte aufschreiben.

4. Was hast du nicht verstanden? Warum? Berichte, was du über Ameisen erfahren hast.

5. Wie kannst du noch mehr über Ameisen erfahren? Nenne verschiedene Möglichkeiten.

**Warnung vor dem Fuchsbandwurm!**

1 Lies. Was fällt dir auf?

Ein Fuchs läuft durch die Heidelbeeren.
**Die Heidelbeeren** sind fast reif.
Nun fällt Fuchskot darauf.
**Der Fuchskot** ist kaum zu sehen.
Bald darauf kommen Luisa und ihre Eltern vorbei.
**Luisa und ihre Eltern** wandern durch den Wald.
Das Mädchen hat großen Hunger.
**Das Mädchen** will Beeren holen.
Doch die Mutter erlaubt es nicht.
**Die Mutter** erklärt, warum.

2 Schreibe den Text aus Aufgabe 1. Setze für das fett Gedruckte jeweils ein Wort vom Rand ein.
Es ist ein **Pronomen: Pronomen** ersetzen **Nomen**.
Pronomen helfen, Wiederholungen zu vermeiden.

3 Setze die Pronomen ein.

Luisas Mutter spricht: „Beeren aus dem Wald können gefährlich sein. ___ erkläre dir, warum. Auf den Früchten liegt manchmal Fuchskot. ___ ist nicht immer zu sehen. Manchmal sind die Eier eines Bandwurms darin. ___ können Menschen krank machen. ___ musst aufpassen. ___ wollen über den Fuchsbandwurm im Internet nachlesen.“ Mutter hat ein Handy dabei. ___ holt ___ aus der Tasche.

4 Schreibe die Pronomen aus Aufgabe 3 untereinander auf. Schreibe das passende Nomen daneben.

| Pronomen | Nomen |
| --- | --- |
| ich | die Mutter |

5 Welche zwei Pronomen sind gleich und doch nicht gleich? Erkläre.

**Pronomen raten**
Nenne ein Nomen. Welches Kind weiß das passende Pronomen? Es darf das nächsten Nomen sagen.

**„Pro“ ist lateinisch und heißt „für“. Pronomen** stehen **für** Nomen:
ich, du, er, sie, es,
wir, ihr, sie

**Pronomen** ersetzen **Nomen**.

Textekartei → S. 124/6

AH Seite 14

## Aufregung am Ameisenhaufen

Wer?

Wo?

Was?

Wann?

am Nachmittag

Paul und Sascha

spielen

am Waldrand

1 Schau dir die Bilder in Ruhe an. Was ist zu sehen?

2 Wähle aus:

a) Überlege und erzähle, wie die Geschichte beginnt.

b) Du hast keine eigene Ideen? Vielleicht helfen dir die **W**-Fragen und die Stichwörter am Rand?

**W**er sind die Jungen? **W**o spielt die Geschichte?
**W**as geschieht? **W**ann spielt die Geschichte?

**3** Vergleicht die Geschichtenanfänge der Kinder.
Wer beantwortet alle **W**-Fragen?

**4** Spielt die Geschichte.
Lasst die Jungen miteinander reden.

**5** Schreibe die Geschichte von Paul und Sascha.
Die Wörter am Rand können dir helfen.
Beginne nach dem Geschichtenanfang mit einer neuen Zeile.

**6** Überarbeitet eure Texte so: Textwanderung → S. 129/4
Achtet besonders auf den Anfang der Geschichte.

aufgeregt

Ameisenhaufen

erschrocken sein

krabbeln

abstreifen

überall

kurze Hose

zappeln

**Geschichten anfangen**

**W**er ...? **W**as ...?

**W**o ...? **W**ann ...?

So fangen oft Geschichten an.

Textekartei  S. 125/3

## Rehe

1 Was fehlt hier?

Achtlos ▭ stört der Fuchs einen Pilz.
Er hat ein Rehkitz ▭ blickt und jagt es.
Doch das scheue Tier ▭ kommt.
Dabei ▭ rät es in dichtes Gehölz.
Bald ist die Ricke da und ▭ freit ihr Junges.
Liebevoll schleckt sie es ab.
Das ▭ fällt dem kleinen Reh.

2 Ergänze den Text von Aufgabe 1 mit passenden Wortbausteinen. Welchen verwendest du zweimal?

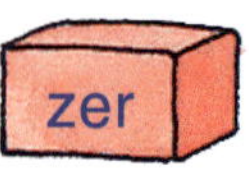

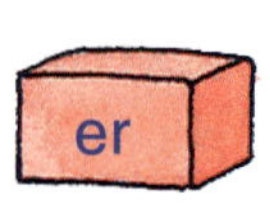

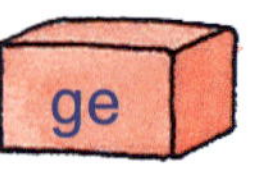

Schreibe so: Achtlos zerstört ...

3 Die Wortbausteine **vor** den Verben in Aufgabe 2 sind **Silben**. Darum heißen sie **Vor** ? . Markiere sie gelb.

4 Bilde immer zwei Sätze. Verwende das Verb mit und ohne Vorsilbe. Wie verändert sich der Sinn?

| ent- be- ge- er- zer- | stören kommen raten fallen gehen finden suchen |
|---|---|

Schreibe so: Lärm stört die Tiere.
Der Blitz zerstört einen Baum.

5 Bilde Nomen. Verwende manche Wortbausteine mehrfach. Schreibe so: die Ge|fahr

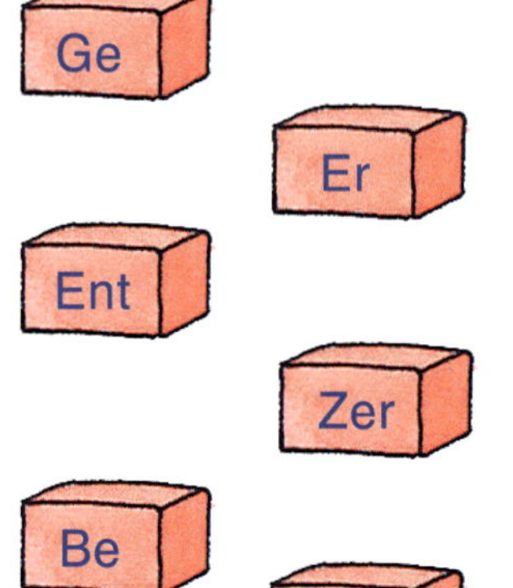

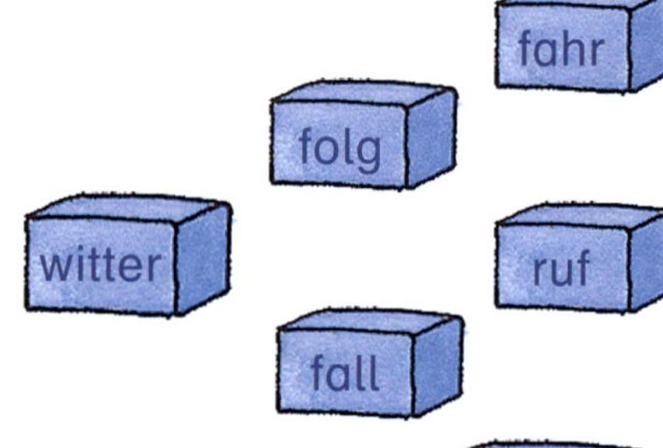

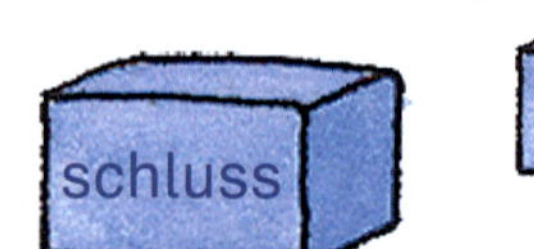

**Vorsilben** sind Wortbausteine.
Sie verändern oft den Sinn eines Wortes:
suchen – **be**suchen.





AH Seite 14

## Wildschweine

1 Wie ist es im Wald? Setze Adjektive passend ein:

groß, scheu, süß, leise, hoch, nass, klein.

Das Reh ist ___. Die Beeren sind ___.
Das Wildschwein ist ___. Die Maus ist ___.
Die Bäume sind ___. Das Gras ist ___. Der Förster ist ___.

**Adjektivtest:** 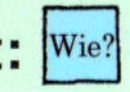

Auf die Frage:
Wie ist …?
Wie sind …?
antwortet ein **Adjektiv**.

→ S. 125/4 d

2 Du erkennst Adjektive mit der Wie-Frage.

Wie? Wie ist …? oder Wie sind …?

ICH Sammle Adjektive. Wie viele findest du in 15 Minuten? Wo findest du sie?

DU + ICH Vergleicht eure Adjektive. Erstellt eine gemeinsame Liste mit Adjektiven, streicht doppelte durch. Überlegt, wie ihr sie ordnen könnt.

WIR Adjektive helfen, anschauliche Texte zu schreiben. Gestaltet ein Plakat mit euren Adjektiven. Einigt euch darüber, wie ihr sie übersichtlich anordnen wollt.

Oje!
Nomen mit einem Adjektiv davor sind nicht leicht zu erkennen.

3 Adjektive verändern sich. Erkläre. Schreibe und markiere zu den Sätzen aus Aufgabe 1 so:

Das Reh ist scheu: das scheue Reh
Die Beeren …

4 Adjektive können Gegensätze beschreiben. Bilde Gegensatzpaare.

weich, hungrig, satt, groß, hart, klein, saftig, zufrieden, trocken, unzufrieden, kurz, jung, hell, langsam, weit, laut, gesund, schnell, leise, eng, krank, alt, dunkel, lang

Schreibe so: weich – hart, …

5 Ergänze passende Adjektive (8). Aufgabe 4 kann dir helfen.

Im ___ Wildschweinnest kuscheln ___ Frischlinge aneinander. Sie sind ___. Da kommt die ___ Bache.
In ihrem Maul trägt sie ___ Wurzeln.
Die Wildschweinmutter legt sich hin, denn sie ist ___.
An ihren Zitzen saugen die ___ Jungen ___ Milch.

Wörterschule

werfen
merken
Dorf
Erde
Arm
Wurst
erst
kurz

**Das Alphabet**

A
B
C
D
E
F
G
H
I
J
K
L
M
N
O
P
Q
R
S
T
U
V
W
X
Y
Z

## Nachschlagen und überarbeiten

1 DU + ICH Lies das ganze Wort, lies in Sil-ben.

werfen, wer-fen   Dorf, Dör-fer   Erde, Er-de

Welchen Buchstaben hörst du deutlicher, wenn du in Silben sprichst? Ist das immer so? Probiert aus, verlängert die einsilbigen Lernwörter. Sprecht darüber.

2 Das Abc heißt auch **Alphabet**. Ordne die Lernwörter danach. Markiere in jedem Wort r gelb.

3 Ordne nach dem Alphabet.

a) acht, Ast, Arm
b) drei, Dorf, dann, Ding
c) Wurst, Wunde, Wut
d) kurz, Kuss, Kunst
e) erst, Erde, eins, etwas, erleben, Esel

4 Suche die Wörter in der Wörterliste ab Seite 130. Schreibe jeweils das fett gedruckte Stichwort und das fett gedruckte Folgewort.

a) **Verben:** Suche die Grundform.
es macht, ich merke, es weint, sie wirft, er rechnet, du redest, wir schenken, ich suche, er kommt, sie kann
Schreibe so: machen → Mädchen, merken → …

b) **Nomen:** Suche die Einzahl.
Dörfer, Bilder, Äste, Arme, Wölfe, Würste, Wolken, Käfer, Geschichte, Märchen, Löwen, Mäuse, Kisten, Männer
Schreibe so: Dorf → Dose, Bild → …

c) **Adjektive:** Suche die Grundform.
der neue Traktor, die gute Ernte, die schwarze Erde, das schlechte Wetter, der kurze Weg, die starke Sonne
Schreibe so: neu → neun, reich → …

5 Schlage Fehlerwörter nach. Schreibe richtig.

*Auf dem Dorf*

*Opa färt mit dem Traktor los. Auf einen grosen Erdhaufen wirft er frische Gatenerde. Von der vilen Erde werden seine Arme schwartz. Das merkt Opa aba erst, als er sein Brod mit Wurst aus der Tasche hollt.*



AH Seite 13

## Eine Radtour

1 Lilia und Samuel planen einen längeren Ausflug mit dem Rad. Jedes Kind macht sich dazu vorher Notizen. Vergleiche und bewerte sie.

2 Jedes Kind hat sich an eine Lernmethode erinnert. Beschreibe und ordne zu: Mindmap (sprich: Meindmäp) und Stichwortzettel.

3 DU + ICH **Fahrrad, Route** und **Kleidung** sind Oberbegriffe. Zu jedem Oberbegriff gehören Unterpunkte. Welchen Oberbegriff möchtet ihr in der Mindmap hinzufügen – und welche Unterpunkte? Zeichnet die Mindmap ab und ergänzt passende Wörter.

**Lernen lernen:**

Mindmap und Stichwortzettel helfen, Gedanken zu ordnen.

## Alles dreht sich um das Rad

1 Welche Überschriften passen? Welche sind nicht gut? Warum?

Das Einrad

So ein Pech!

Die verschwundene Wurst

So eine Überraschung!

Reifenpanne

Wie ich bei einem Ausflug mit dem Fahrrad mein Knie aufgeschlagen habe.

Ich habe von meinen Eltern ein tolles Fahrrad geschenkt bekommen.

2 Gruppenarbeit: Sucht ein Bild aus.

- Sammelt dazu Wörter. Denkt an passende Nomen, Verben und Adjektive. Eine Mindmap → S. 21 kann helfen.
- Zu eurem Bild gibt es ein **Davor** und ein **Danach**. Erzählt und sammelt dazu Wörter.
- Welche Wörter in der Textekartei → Seite 124/Aufgabe 5 und Seite 125/Aufgabe 4 d passen zu eurem Bild?

3 Schreibt zu eurem Bild eine Geschichte.
Denkt an eine gute Überschrift. Vergleicht die fertigen Geschichten: Welche gefällt besonders?

Die **Überschrift**
ist **kurz**,
**macht neugierig**,
hat **keinen Punkt**
und passt.

Textekartei  S. 125/1

## Fragen stellen

1 Lies. Wodurch unterscheiden sich die Sätze?

2 Welche Sätze oben sind **Frage**sätze?
Welches Satz**zeichen** haben sie?
Welche Sätze sind Aussagesätze? Womit enden sie?

3 Sprecht wie die Kinder oben. Achtet auf den unterschiedlichen Klang von Fragesätzen und Aussagesätzen.

4 **Klangprobe:** Lies die Sätze. Am Klang erkennst du Fragesatz oder Aussagesatz.
Schreibe und ergänze: **?** (4) oder **.** (5)

Schlechte Planung

Um drei Uhr treffen sich Samuel und Lilia an der Schule
In Samuels Radtasche sind acht belegte Brote
Er hat einen Helm auf Doch wo ist Lilias Helm
Wo ist Lilias Wasser Die Kinder radeln schnell los
Sie holen den Helm und zwei Flaschen Wasser
Was ist mit dem Ball Soll dieser auch noch mit

5 Was sprechen die Kinder? Spielt und ergänzt passend.

Schon seit zwei Stunden sind die Kinder unterwegs.
Da meint Lilia: „ “
Samuel antwortet: „ “

Ein **Fragesatz** endet mit einem **Fragezeichen**: **?**
Ein **Aussagesatz** endet mit einem **Punkt**: **.**



AH Seite 16

## Rund ums Rad

1 Geburt**s**tag**s**wörter!

| | |
|---|---|
| Geburt🎀tag🎀fest | Geburt🎀tag🎀päckchen |
| Geburt🎀tag🎀kind | Geburt🎀tag🎀feier |
| Geburt🎀tag🎀torte | Geburt🎀tag🎀kerze |
| Geburt🎀tag🎀geschenk | Geburt🎀tag🎀karte |

2 Jedes Wort aus Aufgabe 1 ist aus drei Nomen zusammengesetzt. Welche Regel entdeckst du für den Artikel? Schreibe und verbinde so:

das Geburtstagsfest: die Geburt, der Tag, das Fest

3 Setze zusammen. Welchen Fugenbuchstaben verwendest du? Finde dazu weitere Wörter.

| | | | |
|---|---|---|---|
| Torte n | Stück<br>Heber<br>Platte<br>Füllung | Kerze n | Licht<br>Halter<br>Ständer<br>Leuchter |

Schreibe und markiere so:

der Torte**n**heber: die Torte, der Heber

4 Was entdeckst du hier?

Obsttorte, Quarkkuchen, Nussschnitte, Sahneeis, Reissalat, Safttüte, Eisschokolade, Wurstteller, Ananasstück, Geschenkkorb, Hausschlüssel, Brotteig

Schreibe und markiere so:

die Obs**tt**orte: das Obs**t**, die **T**orte

5 So viele Fehler (10)! Berichtige.

Ohring, fingerring, Haar Reif, Arm Band, SportTasche, Hauschuhe, Kuhaut, Saftüte, Kinder Rad, Bett Tuch

**Nomen zusammensetzen:**
Der Artikel richtet sich nach dem letzten Nomen.





AH Seite 16

## Wortfamilien

1 Baue Wörter mit dem Wortstamm FAHR.
Merk dir bloß:
Nomen schreibt man groß.

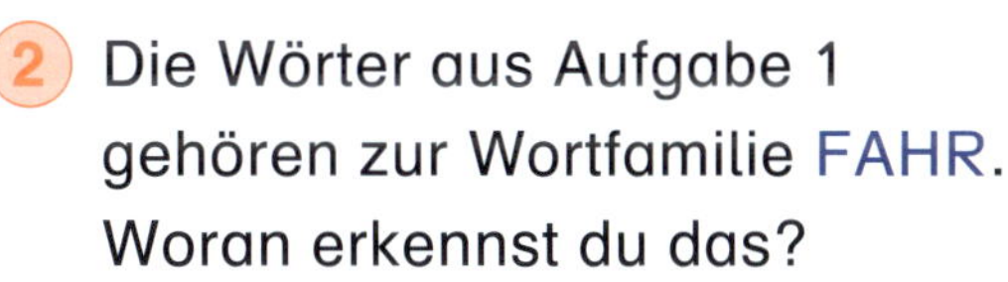

2 Die Wörter aus Aufgabe 1 gehören zur Wortfamilie FAHR.
Woran erkennst du das?

3 Ordne nach den Wortarten.
Schreibe richtig.

ESSEN, ESSBAR, ESSEN
ÜBUNG, ÜBEN, ÜBLICH
LEBEN, LEBEN, LEBENDIG
WEIT, WEITEN, WEITE

ZÄHLEN, ZÄHLBAR, ZÄHLER
ERFRISCHEN, FRISCH, FRISCHE
ENDE, ENDEN, ENDLICH
LESEN, LESERLICH, LESER

| Nomen ddd MZ | Verben ich | Adjektive Wie? |
|---|---|---|
| das Essen | essen | essbar |

4 Bilde Wortfamilien. Welche Wörter schreibst du groß?

SPITZ: ___en, die ___e, ___,
GLÜCK: ___en, das ___, ___lich,
RUH: ___en, die ___e, ___ig
GEH: ___en, der ___weg, be___bar
EIL: ___en, die ___e, ___ig
TROCK: die ___enheit, ___nen, ___en

DANK: ___en, der ___, ___bar
LIEB: ___en, die ___e, ___
FEIER: ___n, die ___, ___lich
FREUND: an___en, die ___in, ___lich
SÜß: ___en, die ___igkeit, ___
TRAU: ___ung, ___en, ___rig

5 Bilde mit Wortfamilien Sätze.

Beispiel: Mit etwas Glück glückt alles glücklich.

Wörter mit dem **gleichen Wortstamm** bilden eine **Wortfamilie**.

**Wörterschule**

Bremse*
Fisch
Klingel*
Lenker*
leuchten*
Pumpe*
Schalter*
Sache
Seite
Hals

## Wortstamm gesucht

**1** Schreibe zu jedem Lernwort die verwandten Wörter richtig auf. Umrahme den Wortstamm.

BREMSBEREIT, FISCHER, SCHULSACHEN, KLINGELN, SCHALTUNG, SEITLICH, SACHLICH, LUFTPUMPE, FISCHEN, LEUCHTER, UMHALSEN, HALSBAND, LEUCHTFARBE, KLINGEN, LENKEN, BREMSEN, SCHALTEN, AUFPUMPEN, LENKBAR, BESEITIGEN

Schreibe so: die [Brems]e, [brems]bereit, [brems]en

**2** Finde zum Adjektiv das verwandte Nomen. Erkläre deinem Nachbarkind die Regel.

sonnig, weit, frisch, eng, lieb, spitz, rund, jung, eilig

Schreibe und umrahme so: [sonn]ig – die [Sonn]e

**3** Welcher Buchstabe fehlt? Suche ein verwandtes Wort, in dem du diesen Buchstaben genau hörst.

**d** (2) oder **t** (3)?
sei_lich, Leuch_farbe, Schal_hebel, stün_lich, en_lich

**g** (3) oder **k** (2)?
Len_stange, tra_bar, tä_lich, bewe_lich, trin_bar

**b** (4) oder **p** (1)?
Pum_gerät, lie_lich, sie_zig, ü_lich, Schrei_zeug

Schreibe so: seit-lich – Sei-**te**, ...

**4** Schreibe richtig.

IN EILE

SAMUEL PACKT EIN, DENN ER WILL FISCHEN. DIE KLEINEN SACHEN GIBT ER IN DIE SEITLICHEN RADTASCHEN. DIE LANGE ANGEL LEGT ER AUF DEN LENKER, NEBEN DIE KLINGEL. DER JUNGE BINDET NOCH EIN TUCH UM DEN HALS UND RADELT LOS. SCHON SCHALTET ER IN DEN HÖCHSTEN GANG. DOCH DA LEUCHTET DIE AMPEL ROT AUF UND SAMUEL BREMST HART. ANGEL UND LUFTPUMPE SAUSEN HERAB.





AH Seite 15

## Lange Laute – kurze Laute

Wörterschule

beten*
Betten*
etwas
hassen*
Hüte*
Hütte*
Kater*
raten*
Ratten*

1 Welches Wort passt zu welchem Bild?
raten, Ratten, beten, Betten, Hasen, hassen

2 Schreibe die Wörter aus Aufgabe 1 in Sil-ben.
Kennzeichne jeweils in der betonten Silbe den Silbenkern:
- Male einen **Punkt** ● darunter, wenn er **kurz** klingt.
- Male einen **Strich** ▬ darunter, wenn er **lang** klingt.

Erkenn' den Silbenkern im Nu, mit a, e, i und o und u. Umlaute und Zwielaute kommen noch dazu!

3 Jeweils drei Wörter aus Aufgabe 1 passen. Welche?

? ? – ? ? ?          ? ? ? – ? ? ?

Silbenkern
Konsonant

4 Betrachte in Aufgabe 3 jeweils das Ende der betonten Silbe. Was entdeckst du für den Silbenkern? → S. 12
Ich entdecke ...          Mir fällt auf, dass ...

5 Achte jeweils auf den betonten, markierten Silbenkern.
Zeichne die Tabelle und ordne die Wörter.
Schreibe sie in Sil-ben.

Kater, Katze, raten, Ratten, Hasen, hassen, beten, Betten, reden, retten, etwas, Esel, Miete, Mitte, Foto, folgen, Hose, kosten, Mutter, mutig, Buben, Puppen, Schule, Schulter, Äste, Säge, Hände, Käfer, Bären, Kräfte, Töpfe, tönen, lösen, hören, rösten, können, Hüte, Hütte, Tüte, Füller, Mütze, Kühe

| ▬ offene Silbe (21) | ● geschlossene Silbe (21) |
|---|---|
| Ka-ter, ra-ten, ... | Kat-ze, Rat-ten, ... |

In **offenen Silben** klingt der Silbenkern **lang**.

In **geschlossenen Silben** klingt der Silbenkern **kurz**.

AH Seite 17, 18

# Von Rittern und Burgen

## Ritterzeit

1 DU + ICH ▸ Was weißt du über das Mittelalter, Ritter und Burgen? Notiere mit deinem Nachbarkind Stichpunkte.
WIR ▸ Sprecht in der Klasse darüber.

2 Welche Bücher oder Filme zu diesem Thema kennst du?

3 Besorge dir ein Buch über die Ritterzeit.
Wo kannst du es bekommen?

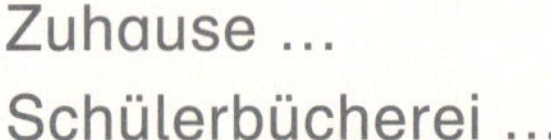

Zuhause …
Schülerbücherei …

4 Berichte den anderen Kindern von deinem Buch.

- Wie heißt das Buch?
- Wer hat es geschrieben? Nenne Autor oder Autorin.
- Für welche Altersstufe ist es geeignet?
- Ist es ein Sachbuch oder eher eine Erzählung?
- Worum geht es in diesem Buch?
- Was hat dir am besten gefallen?
- Lies aus deinem Buch eine kurze Textstelle vor und zeige Abbildungen, die du interessant findest.
- Kannst du das Buch weiterempfehlen? Begründe.

Vortrag → S. 123/3

5 In der 2. Klasse hast du das Lesetagebuch kennengelernt. Was alles kann darin stehen? (Aufgabe 4 hilft dir.)

6 Ergänze dein Lesetagebuch mit Stichpunkten, die dein Buch interessant machen. Tauscht eure Bücher aus. Geht behutsam mit fremden Büchern um.

## Früher – Heute

1 Früher war vieles anders. Betrachte die Bilder.

2 Finde zu jedem Bild den passenden Satz.

| | |
|---|---|
| ... erhellten den Raum. | aus dem Brunnen. |
| ... erhellen den Raum. | über dem Feuer. |
| Wasser holten die Menschen ... | Fackeln |
| Wasser holen die Menschen ... | in der Backröhre. |
| Fleisch garte ... | Elektrische Lampen |
| Fleisch gart ... | vom Wasserhahn. |

3 Ordne die Sätze aus Aufgabe 2.

| So war es früher: | So ist es heute: |
|---|---|
| Eine Fackel erhellte ... | Eine elektrische Lampe ... |

4 In jedem Satz aus Aufgabe 3 erzählt ein Wort, ob etwas vergangen oder gegenwärtig ist. Suche das jeweilige Wort und ordne so:

| 1. Vergangenheit | Gegenwart |
|---|---|
| erhellte | erhellt |

5 DU + ICH Findet weitere Beispiele für das, was heute anders ist als früher. Malt Bilder dazu. Stellt sie aus.

Verben sagen, ob etwas **geschieht – Gegenwart** oder **geschah – 1. Vergangenheit.**

Textekartei → S. 125/2

## Gegenwart und 1. Vergangenheit

**1** Bilde zu jeder Grundform die Gegenwart und die 1. Vergangenheit. Erkläre, was dir auffällt.

legen, holen, hören, malen, wünschen, reisen, danken, lernen, sparen, brauchen, warten, spielen, suchen

legen: ich lege – er legt – wir legen
ich legte – er legte – wir legten

**2** Ordne die Verben wie in der Tabelle.

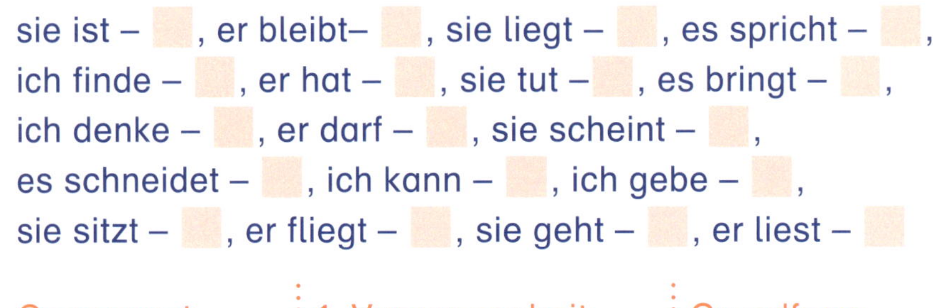

sie ist – ___, er bleibt– ___, sie liegt – ___, es spricht – ___,
ich finde – ___, er hat – ___, sie tut – ___, es bringt – ___,
ich denke – ___, er darf – ___, sie scheint – ___,
es schneidet – ___, ich kann – ___, ich gebe – ___,
sie sitzt – ___, er fliegt – ___, sie geht – ___, er liest – ___

| Gegenwart | 1. Vergangenheit | Grundform |
|---|---|---|
| sie ist | sie war | sein |

**3** Ordne die Sätze nach Vergangenheit und Gegenwart. Du erhältst zwei Geschichten. Schreibe.

So **lebte** Adelheids Mutter

So **lebt** Emmas Mutter

Adelheids Mutter war Burgherrin. Sie überwachte die Arbeit der Dienstboten. Emmas Mutter ist Bankkauffrau. Sie arbeitet an einem Schalter. Die Familie wohnt in einem Reihenhaus. Mit ihrem Mann, den vielen Kindern und den Hofdamen lebte sie in den Gemächern der Burg. Gemeinsam kümmern sich die Eltern um Kinder und Haushalt. Waschmaschine und Staubsauger helfen bei der Arbeit. Sie konnte weder lesen noch schreiben. Meist vertrieb sie sich die Zeit mit Sticken und Nähen. Mutter geht ins Fitnessstudio und lernt Spanisch.



AH Seite 20

**Überfall!**

Am frühen Morgen machen sich Konrad und seine Familie auf den Weg zur Burg. Auf ihrem Leiterwagen stehen Säcke mit frischem Obst und Gemüse. Sie wollen ihre Ernte auf dem Markt verkaufen.

1 Was kannst du auf dem Bild sehen? Erzähle.

2 ICH Sammle Wörter, die zur Geschichte passen.
DU + ICH Vergleiche mit deinem Nachbarkind. Wie wollt ihr sie ordnen?

Mittelalter, Räuber, Pferdegetrappel, Angst, „Hilfe!"…
Plötzlich …, Auf einmal …, Da …
sich aus dem Staub machen, schreien, weinen, reiten, …
schnell, laut, rasch, schrecklich, böse, …

3 Was **vergangen** ist, wird in der **Vergangenheit** aufgeschrieben. Schreibe die Geschichte in der 1. Vergangenheit. Den Anfang findest du über dem Bild. Beginne danach mit einer neuen Zeile.

4 Wie könnte deine Geschichte ausgehen?

Textekartei → S. 125/2

5 So haben die Kinder ihre Geschichten beendet. Welcher Ausgang gefällt dir am besten? Begründe.

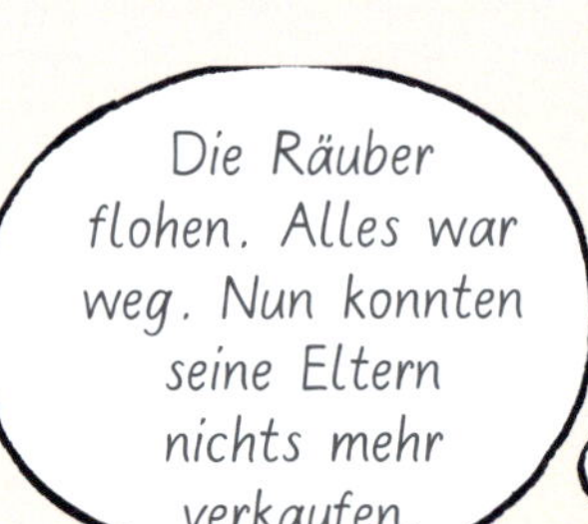


Fabian

Milena

Da hatten sie noch einmal Glück gehabt. Alle waren noch am Leben.

Eva

Dann waren die Räuber weg.

Kyrill

Die Ernte war weg, doch niemandem war etwas passiert. Da hatten sie noch einmal Glück im Unglück gehabt.

6 Welche Aussagen (3) sind richtig? Die Buchstaben hinter diesen Sätzen ergeben ein Lösungswort.

Schlusssätze runden eine Geschichte ab. (g)

Der Ausgang ist der längste Teil der Geschichte. (e)

Der Ausgang ist der letzte Teil der Geschichte. (u)

Zum Schluss beschreibe ich oft Gedanken und Gefühle. (t)

Zum Schluss erzähle ich alles, was am Anfang passierte. (b)

7 Auch Hedwig lebte im Mittelalter. Was erlebte sie? Schreibe Hedwigs Geschichte auf. Deine Wortsammlung → S. 31 Aufgabe 2 kann dir helfen. Verwende die 1. Vergangenheit. Denke an die abschließenden Sätze.

**Geschichten beenden**

Der **Ausgang** ist **kurz** und **rundet** die Geschichte **ab**.

Textekartei → S. 126/5

## Verben in der Vergangenheit

1 Schreibe die Lernwörterpaare in der Wir-Form.
Rahme die Wortstämme ein. Markiere den **Vokal** oder **Zwielaut** in jedem Wort**stamm** gelb.

wir fall en – wir fiel en    wir flieg en - wir flog en

Was fällt dir bei den Stammvokalen auf?

2 DU + ICH Die Verben aus Aufgabe 1 nennen wir unregelmäßige Verben. Wie erkennt ihr sie?
Erklärt mit Stichworten und findet Beispiele für regelmäßige und unregelmäßige Verben.
WIR Vergleicht eure Erklärungen und Beispiele.

3 Schreibe zu jedem Lernwort (20) einen Satz in der Ich-Form oder in der Er-/Sie-/Es-Form.

4 Welche Regel entdeckst du?

| sin-gen | trin-ken | flie-gen |
|---|---|---|
| wir san- en | wir tran- en | wir flo- en |
| er san | sie tran | er flo |

Schreibe folgende Verben ebenso. Kontrolliere mit der Wörterliste ab Seite 130:

springen, tragen, steigen, geben, bleiben, liegen.

5 Schreibe den Text in der 1. Vergangenheit.

*Sommerzeit*

*Am Morgen fallen feine Nebel vom Himmel. Die Eltern schlafen noch. Konrad und sein Bruder trinken etwas Wasser. Danach gehen sie zu den Pferden. Die Tiere laufen und springen im Gras. Vögel fliegen auf und singen in den Bäumen. Die Jungen steigen auf ihre Pferde. Zwei Männer beschreiben ihnen den Weg zur Quelle.*

**Wörterschule**

fallen – fielen
fliegen – flogen*
gehen – gingen
laufen – liefen
schlafen – schliefen
schreiben – schrieben
singen – sangen
springen–sprangen
steigen – stiegen
trinken–tranken

g oder k?
b oder p?
Bei Verben hilft mir die Grundform.

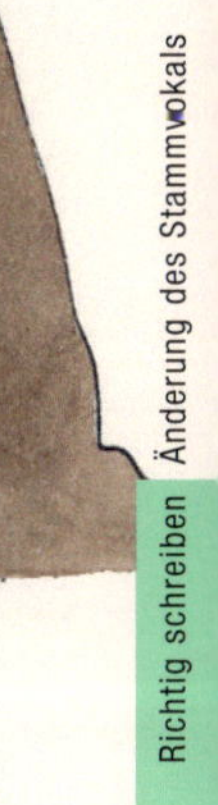


AH Seite 19, 20

## Mein Lerntagebuch

1 In der Klasse 3a führen alle Kinder ein Lerntagebuch für das Fach Deutsch. Was könnte das sein? Lies.

**Mein Lerntagebuch für:** Deutsch
Name: Leon

Datum: 8. November

1. Das habe ich neu gelernt:
   Es gibt so viele spannende Bücher über die Ritterzeit. Ich wünsche mir eines zum Geburtstag.
2. Ich wusste über dieses Thema [X] schon viel. [ ] noch wenig.
3. Das hat mich besonders interessiert:
   Die Ausbildung der Ritter begann im Mittelalter bereits mit 7 Jahren.
4. Damit hatte ich Schwierigkeiten:
   Ich wusste zuerst nicht, woher ich ein Buch bekommen sollte.
5. Ich habe mit Kindern aus der Klasse
   [ ] gut [X] wenig [ ] gar nicht zusammen gearbeitet.
6. Ich fühlte mich während der Stunde
   [ ] sehr gut. [X] nicht so gut. [ ] schlecht.
   Begründung: Paul hat mich immer geärgert.
7. Mit meinem Arbeitsergebnis bin ich
   [ ] sehr zufrieden. [X] zufrieden. [ ] gar nicht zufrieden.
8. Das möchte ich noch nachfragen: Gab es auf Burgen Toiletten?
9. Das nehme ich mir vor:
   Ich will bis nächsten Mittwoch ein Buch über Ritter gelesen haben.

2 ICH Welche Punkte in dem Lerntagebuch findest du wichtig – welche unwichtig? Was möchtest du ergänzen? Schreibe dir Stichpunkte auf.
DU + ICH Was sollte in einem Lerntagebuch stehen? Vergleicht eure Stichpunkte und sprecht über eure Vorschläge.
WIR Einigt euch auf die Punkte, die euer Lerntagebuch enthalten soll. Gestaltet gemeinsam am Computer dazu eine Seite. Ihr könnt sie kopieren.

Merksätze

schwierige Wörter

Rechtschreib-Tricks

Textekartei → S. 127





AH Seite 22

1 Ordne.

die, eine, du, das, wir, ihr, ein, der, ich, er

bestimmte Artikel: ?    Pronomen: ?    unbestimmte Artikel: ?

2 Schreibe die Grundform dieser Verben.

ich lese, du spielst, er hat, wir baden, ihr rechnet

3 Nicht alle Wörter sind richtig geschrieben.
Schreibe alle Wörter richtig auf.

Kefer, wann, ab, ser, Mädchen, Merchen, hier, Wurst, Halls, Dorff, Sache, zulezt

4 Schreibe alle Zwielaute auf. ?

5 a) Schreibe – wenn möglich – die Wörter getrennt auf.

Rittergeschichten, Opa, Einser, Ananassaft, Nacht

b) Kreise nur die geschlossenen Silben ein.

6 Schreibe nur die Adjektive auf.

legen, wann, hell, nichts, ungesund, springen, Erde, lang,

können, uralt, schnell, trinken, nett, warum, Katze, klein

Adjektive Wie?: ?

7 Finde drei Wörter zu jedem Wortstamm.

a) SPIEL    b) LEB    c) LIEB

8 Was bilden Wörter mit gleichem Wortstamm? ?

9 Bilde die 1. Vergangenheit.

wir gehen, sie trinkt, es fliegt, ich singe, sie schreibt,

sie fliegen, ich wiege, du springst, er hält, ihr könnt

AH Seite 21, 22

# ② Überprüfen und üben

Hier findest du die Lösungen zu Seite 35.

→ S. 10 S. 15 ① Ordne.

bestimmte Artikel: die, das, der
unbestimmte Artikel: eine, ein
Pronomen: du, wir, ihr, ich, er

→ S. 11 ② Schreibe die Grundform dieser Verben.

lesen, spielen, haben, baden, rechnen

→ S. 13 ③ Nicht alle Wörter sind richtig geschrieben.
Schreibe alle Wörter richtig auf.

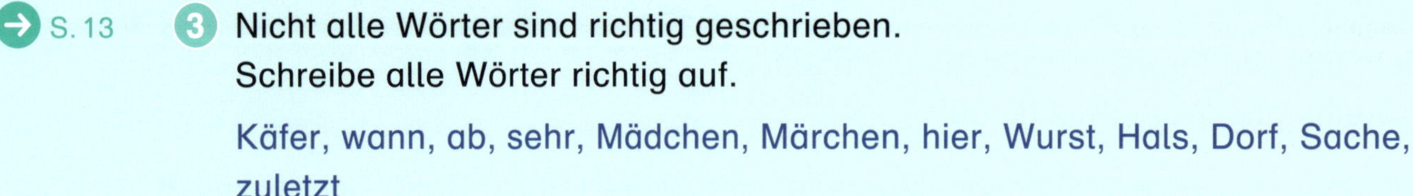

Käfer, wann, ab, sehr, Mädchen, Märchen, hier, Wurst, Hals, Dorf, Sache, zuletzt

→ S. 12 ④ Schreibe alle Zwielaute auf. ei, au, äu, eu

→ S. 12 ⑤ a) Schreibe – wenn möglich – die Wörter getrennt auf.

Rit - ter - ge - schich - ten, Opa, Ein - ser, Ana - nas - saft, Nacht

b) Kreise nur die geschlossenen Silben ein.

→ S. 19 ⑥ Schreibe nur die Adjektive auf.

Adjektive Wie?: hell, ungesund, lang, uralt, schnell, nett, klein

→ S. 25 ⑦ Finde drei Wörter zu jedem Wortstamm.

a) SPIEL: z.B. spielen, das Spiel, spielerisch, …
b) LEB: z.B. leben, das Leben, lebendig, …
c) LIEB: z.B. lieben, die Liebe, lieb, …

→ S. 25 ⑧ Was bilden Wörter mit gleichem Wortstamm?

eine Wortfamilie

→ S. 33 ⑨ Bilde die 1. Vergangenheit.

wir gingen, sie trank, es flog, ich sang, sie schrieb,
sie flogen, ich wog, du sprangst, er hielt, ihr konntet

Bist du mit deinem Ergebnis zufrieden?
Male zu jeder Aufgabe passend: ☺ 😐 ☹

😐 ☹ Wie willst du üben?
Sprich auch mit deiner Lehrerin, deinem Lehrer.

# Weihnachtszeit in Europa

**Schweden** • 13. Dezember

**Russland** • 31. Dezember, 6. Januar

**England** • 25. Dezember

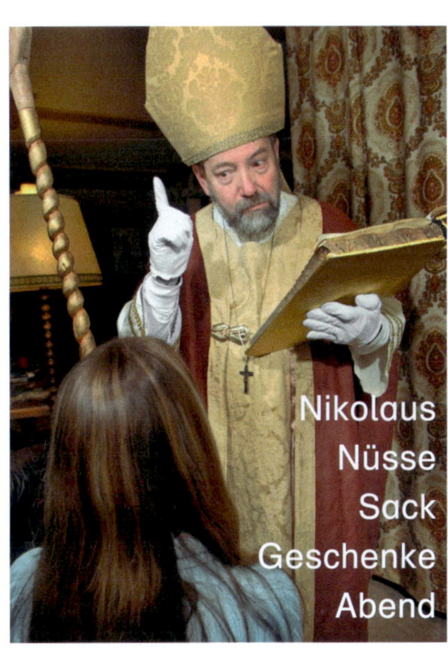


**Deutschland** • 6. Dezember

**Wir feiern**

1. Beschreibe, was du auf den Bildern siehst.
2. Finde heraus, ob und wie zur Weihnachtszeit in anderen Ländern gefeiert wird. Wie kannst du dazu etwas erfahren? Wen kannst du fragen? Wo kannst du nachschauen?
3. Sammelt viele verschiedene Weihnachtsgrüße aus anderen Ländern. Ihr könnt damit eure Weihnachtskarten gestalten.

## Weihnachten nicht zu Hause

NOTAUFNAHME

Es war Heiliger Abend. An diesem Tag hatte Frau Doktor Lopez im Krankenhaus Dienst.

Sie konnte nicht mit ihren Kindern Weihnachten feiern. Schade, aber am nächsten Tag würden sie das nachholen. Plötzlich fuhr draußen der Notarztwagen mit Blaulicht vor. Sofort sprang Frau Doktor Lopez auf.

**Geschichten schreiben**

Denke an
- Anfang,
- Ereignis,
- Ausgang.

1 Was erfahren wir am Anfang? (Wer? Was? Wann? Wo?) Lies die ersten beiden Sätze und erkläre.

2 Bei einer Erzählung folgt nach den einleitenden Sätzen die eigentliche Geschichte, das Ereignis. Welche Sätze aus der Geschichte oben gehören bereits zum Ereignis? Woran erkennst du das?

3 Wie könnte die Geschichte weitergehen? Spannende Satzanfänge, Adjektive, Fragen und Ausrufe machen deine Geschichte lebendig.

Textekartei → S. 125/3, 4 b, d, S. 126/5

4 Emma möchte anschaulich und lebendig erzählen. Sie schreibt die Geschichte weiter. Dann klebt sie ihren Text auf ein großes Blatt Papier. Andere Kinder notieren am Rand, was ihnen auffällt. Lies und erkläre.

*Die Sanitäter betraten das Behandlungszimmer. Auf einer Trage lag ein Junge. Oh je! Er weinte. Seine Mutter begleitete ihn. Der Bub war auf dem Eis ausgerutscht und nun tat ihm sein Bein sehr weh. Frau Doktor Lopez beugt sich über das Kint und fragte nach seinem Namen. Er hieß Fabian.*
*Dann tastete die freundliche Ärztin das Bein ab. Dann musste sie das Bein röntgen, vielleicht war es ja gebrochen? Fabian hatte Angst. Ob er wohl über Weihnachten im Krankenhaus lag? Seine Mutter tröstete ihn.*

😐 Adjektiv?
🙂 Ausruf
Z Zeitform falsch
R Rechtschreibfehler
🙂 Adjektiv
W Wiederholung
🙂 spannende Frage

5 DU + ICH WIR Was macht Emmas Geschichte lebendig? Was kann sie noch verbessern? Sammelt Stichpunkte und tauscht euch aus. Notiere die Ergebnisse in deinem Lerntagebuch.

LERN L TAGEBUCH

6 Verbessere Emmas Text und berichtige Fehler. Wie könnte die Geschichte enden?

7 In welchen Berufen müssen Menschen auch Weihnachten arbeiten? Wähle einen Beruf aus und schreibe dazu eine lebendige Geschichte. Achte bei den Verben auf die 1. Vergangenheit.

8 Randbemerkungen → S. 129/3

Gestalte das **Ereignis lebendig**.

Verwende
- abwechslungsreiche Satzanfänge,
- Adjektive,
- Fragen und Ausrufe.

Textekartei → S. 124/5, S. 125/4 b, d

## Glück gehabt!

1 Am nächsten Tag **erzählt** Frau Doktor Lopez ihren Kindern Pablo und Lucia vom Heiligabend im Krankenhaus. Erzählt sie in der **Gegenwart** oder in der **Vergangenheit**?

Plötzlich habe ich den Notarztwagen gehört.
Die Sanitäter haben einen kleinen Junge gebracht.
Er ist auf dem Eis gestürzt.
Er hat bitterlich geweint.
Sein verletztes Bein hat geblutet.
Ich habe ihn untersucht.
Gott sei Dank! Er hat sich das Bein nicht gebrochen.
Da hat er noch einmal Glück gehabt!

2 In jedem Satz findest du zwei Wörter, die dir die Vergangenheit verraten. Suche diese Wörter.

3 Die **Erzähl**vergangenheit besteht aus **zwei Wörtern**. Man nennt sie die **2. Vergangenheit**. Schreibe die Verben aus der Geschichte so:

habe gehört, haben gebracht, ist …, hat …,

4 Wie wird Lucia davon in der Schule **erzählen**? Schreibe in der **2. Vergangenheit**.

Die Sanitäter tragen den kleinen Jungen.
Er hat große Angst. Sein Bein schmerzt.
Meine Mutter macht ihm einen Verband.
Da weint er nicht mehr.
Glücklich geht er nach Hause.

5 Hast du dich schon einmal verletzt? Warst du schon einmal im Krankenhaus? Erzähle.



AH Seite 26

6 Lucia schreibt die Erlebnisse ihrer Mutter für die Klasse auf. Sie verwendet die 1. Vergangenheit. Was ist anders?

Meine Mutter arbeitete Heiligabend im Krankenhaus.
Plötzlich hörte sie den Notarztwagen.
Die Sanitäter brachten …
Er …

7 Schreibe Lucias Geschichte zu Ende.
Verwende die 1. Vergangenheit.

8 Ordne die Verben so:

| Gegenwart | 1. Vergangenheit | 2. Vergangenheit |
|---|---|---|
| ich bin | ich war | ich bin gewesen |

ich habe gelegt, ich lege, ich legte
ich hörte, ich höre, ich habe gehört
ich lief, ich bin gelaufen, ich laufe
ich stieg, ich steige, ich bin gestiegen
ich hatte, ich habe gehabt, ich habe
ich finde, ich habe gefunden, ich fand
ich bin gegangen, ich gehe, ich ging
ich habe gesungen, ich sang, ich singe
ich spreche, ich sprach, ich habe gesprochen

9 a) DU + ICH Zeichnet den Weihnachtsstern ab, untersucht das Wort **liefen**. Was alles könnt ihr entdecken?

b) Sucht ein weiteres Wort, das ihr untersuchen wollt.

Wenn etwas **früher geschehen** ist, erzählen wir in der **Vergangenheit**.

Beim **Schreiben** verwenden wir meistens die **1. Vergangenheit:** feierten, rannten …

Beim **Sprechen** verwenden wir meistens die **2. Vergangenheit:** haben gefeiert, sind gerannt …

AH Seite 26

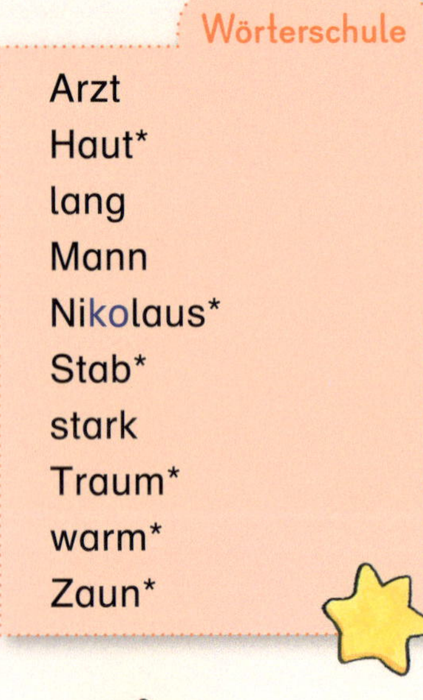

**Wörterschule**

Arzt
Haut*
lang
Mann
Nikolaus*
Stab*
stark
Traum*
warm*
Zaun*

## Wörter mit ä und äu

1 Schreibe diese Wörter: lang Stab Mann
Dann zaubere mit einem Buntstift daraus die Lösungswörter für die Rätsel oben.

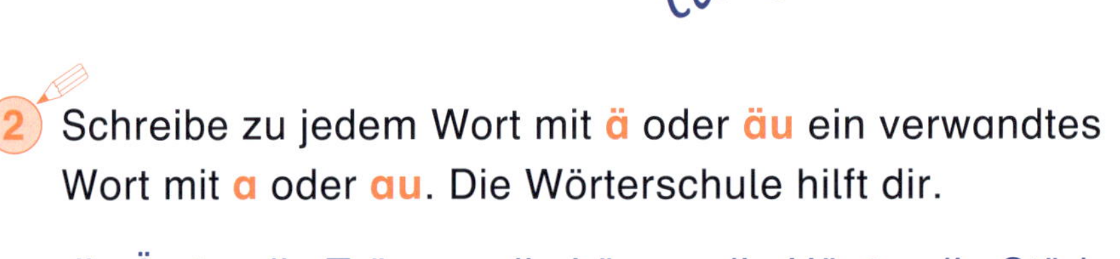


2 Schreibe zu jedem Wort mit ä oder äu ein verwandtes Wort mit a oder au. Die Wörterschule hilft dir.

die Ärzte, die Träume, die Länge, die Häute, die Stärke, die Zäune, die Stäbe, die Männer, die Wärme

3 Suche verwandte Wörter:
a (6), ä (6), au (2), äu (2), e (4), eu (2). Erkläre.

anschw _ rzen – _ , der Schl _ fer – _ ,
die V _ ter – _ , die B _ len – _ , die M _ se – _ ,
die H _ rte – _ , die D _ cke – _ , der Schr _ ck – _ ,
br _ nlich – _ , die S _ fte – _ , das R _ tsel – _

Schreibe so: anschwärzen – schwarz, …

4 Setze richtig ein: Ä (1), ä (4), äu (2) und e (4).

6. D _ z _ mb _ r

*Der Nikolaus lief durch den N _ bel. Mit starken H _ nden hielt er zwei S _ cke. Darin waren _ pfel und Pl _ tzchen. Er hatte schon einen l _ ngeren Weg hinter sich. Nun musste er noch drei H _ ser aufsuchen. Die kleine Lena tr _ mte von einem Arztkoffer. Ob der gute Mann ihn brachte?*

Verwandte Wörter suchen:

ä → a,
äu → au.

AH Seite 23, 24

## Am Wortende b oder p – g oder k?

1 Welche Buchstaben sind unter den Lebkuchen versteckt?
Wie findest du das heraus?

| erlauben | steigen | sinken |
|---|---|---|
| er erlau _ t | sie stei  t | es sin _ t |

Schreibe und markiere alle Verben aus der Wörterschule
so: erlau**b**en – er erlau**b**t, …

**Wörterschule**
- erlauben
- lenken*
- nagen*
- reiben*
- saugen*
- sinken*
- steigen
- tragen*

2 b oder p? g oder k? Schreibe den Text richtig auf.

*Lebkuchen backen*

*Zu Weihnachten gi _ t es Lebkuchen.*
*Mutter erlau _ t den Kindern zu backen.*
*Julia le _ t das Rezept neben die Schüssel.*
*Sie rei _ t die Mandeln.*
*Lars formt schöne Lebkuchen.*
*Er trä _ t das Blech zum Ofen.*
*Süßer Duft stei _ t ihnen in die Nase.*
*Schnell sau _ t Vater noch das Wohnzimmer.*
*Dann sin _ t er mit den Kindern Weihnachtslieder.*

3 Wie kannst du die Wörter im Wörterbuch nachschlagen?
Erkläre: Ich suche …

sie rieb, sie erlaubte, er flog, sie legte, es gab, er trug,
er stieg, sie saugte, sie sang, es wurde, er glaubte,
sie übte, es war, sie fragte, es sank, er sprang, sie fragte

Zeichne eine Tabelle mit zwei Spalten und schreibe so:

| Vergangenheit | Grundform |
|---|---|
| sie rieb | reiben |

4 Schreibe den Text aus Aufgabe 2 in der 1. Vergangenheit.

5 Hast du schon einmal beim Backen geholfen?
Schreibe genau auf, was du getan hast.
Zeichne das Gebäck.

Am Wortende
b oder p, g oder k?
Ich **verlängere** das Wort,
dann ist es klar:
es stei**g**t – stei**g**en.

# Der Winter ist da

**Winter**

Jetzt hat der rote Briefkasten
eine weiße Mütze auf,
schief und verwegen.
Mancher hat bei Glatteis
plötzlich gelegen,
der sonst so standhaft war.
Aber der Schnee hat leis
und wunderbar
geblinkt auf den Tannenbäumen.
Was wohl jetzt die Schmetterlinge träumen?

Wolfgang Borchert

1 Lies das Gedicht. Wovon handelt es?
Wer hat es verfasst?

2 Was erfährst du
- in den Zeilen 1 bis 3?
- in den Zeilen 4 bis 6?
- in den Zeilen 7 bis 10?

Lies jeweils die Zeilen laut vor und erkläre mit eigenen Worten.

Auswendiglernen  S. 7

3 Wie lernst du das Gedicht am besten auswendig?
Bis wann, denkst du, kannst du es gut vortragen?
Kontrolliere dich an deinem Termin.

4 ICH DU + ICH WIR

Zeichnet Schneeflocken wie am Rand. Sammelt Wörter, die gut zum Winter passen.

Du kannst auf die Schneeflocken
- Wörter aus dem Gedicht schreiben.
- eigene Wörter suchen.

Besprecht und kontrolliert eure Wörter.
Übt fehlerhafte Wörter mit der Wörterbox → S. 121.

5 Schreibe mit Winter-Wörtern
- eine Geschichte,
- Sätze,
- oder male ein Winterbild.
  In dieses kannst du Winterwörter schreiben.

## Spuren im Schnee

**Fuchs**
**Lebensraum:**
Wälder, Felder
**Lebensweise:**
tag- und nachtaktiv, in Erdbauten mit Wohnkesseln
**Nahrung:**
Mäuse, Hasen, Obst, Hühner

1. Betrachte das Bild. Welche Gedanken und Gefühle gehen dir dabei durch den Kopf?

2. Was erlebt wohl der Fuchs auf seiner winterlichen Wanderung? Überlegt gemeinsam. Notiert eure Gedanken in einer Mindmap. Schaut nach auf der Seite 21.

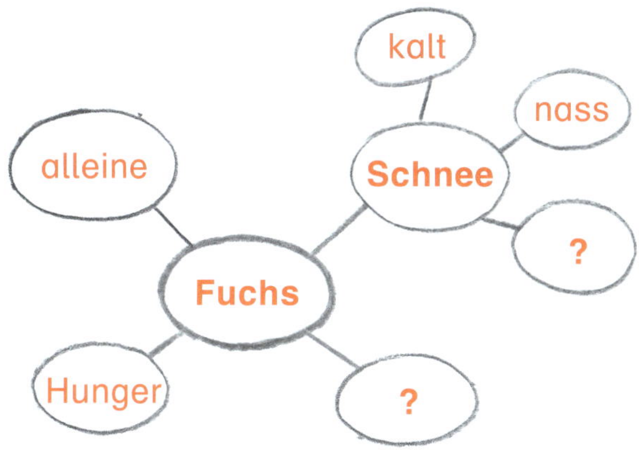

3. Stell dir vor, du bist der Fuchs. Du wanderst schon viele Wochen alleine durch den Schnee. Was geht dir durch den Kopf? Erzähle in der Ich-Form.

4. Bastle eine Stabfigur oder eine Fuchsmaske. So kannst du besonders gut erzählen.

5. Schreibe auf ein Blatt, was der Fuchs erzählt. Deine Geschichte könnte so anfangen:

Ach, ich armer Fuchs! Wie lange soll ich noch durch diese winterliche Landschaft ziehen? Nun, vielleicht war es nicht gerade freundlich, in den Hühnerstall des Bauern Borte einzudringen, aber …

6 Lies, was sich nun ereignet:

Der Fuchs glaubt seinen Augen nicht zu trauen. Zunächst in großer Entfernung, aber immer näher kommend, entdeckt er am Horizont einen knallroten Hubschrauber. Kurze Zeit später landet dieser neben ihm. Die Tür öffnet sich. …

Was macht der Fuchs jetzt wohl? Überlege.

7 Du hast den **Anfang** der Fuchsgeschichte bereits aufgeschrieben. Schreibe in der **Ich-Form** weiter.
Gestalte das **Ereignis** lebendig.
Textekartei → Seite 125/4 b, d
Überlege dir einen **Ausgang** für deine Geschichte.

8 Textwanderung → Seite 129/4
Wurde in der Ich-Form erzählt?
Berücksichtige bei deiner Überarbeitung die Bemerkungen der anderen Kinder. Du kannst deine Fuchsgeschichte auch am Computer schreiben, verbessern und ausdrucken.

9 Schneide aus braunem Tonpapier den Umriss eines Fuchses aus. Klebe deine Fuchsgeschichte darauf.

Gestaltet mit den Fuchsgeschichten und den Schneeflocken eine Winterlandschaft.

Manche Musiker fangen
den Winter in Klängen ein.
Kennst du von Vivaldi
„Der Winter“ aus dem Zyklus
„Die vier Jahreszeiten“
oder das Album „December“
von G. Winston?

## Eishockey

1 Ordne die Wörter auf den Pucks nach der Wortart: ich Wie?

2 Die Wortbausteine auf den Toren sind Nachsilben.
Welche Pucks gehören in welches Tor?
Welche Wortart entsteht? Erkläre.

3 a) Bilde mit den Adjektiven und Verben auf den Pucks und den Nachsilben Nomen.

Schreibe so: erlauben – die Erlaubnis, …

b) Betrachte die Artikel der Nomen. Was fällt dir auf?

4 Suche zu jedem Nomen das passende Verb oder Adjektiv.
Schreibe wie in Aufgabe 3.

Seltenheit, Wildnis, Dummheit, Traurigkeit, Natürlichkeit, Krankheit, Begräbnis, Ehrlichkeit, Hindernis, Feigheit, Kenntnis, Eitelkeit, Reinheit, Erzeugnis, Heiterkeit

5 DU + ICH Sucht Verben oder Adjektive, aus denen ihr mit Wortbausteinen Nomen bilden könnt.
Es gibt noch andere Wortbausteine. Wer findet sie?
Vergleicht eure Wörter und sprecht darüber.

Die Wortbausteine **-heit**, **-keit**, **-nis** sind **Nachsilben**.
Wir können damit **Nomen bilden:**
frei – die Freiheit.

Merk dir bloß:
Nomen schreibt man groß.

AH Seite 30

## Auf dem Schlittenberg

Aua!
Achtung!
Aus der Bahn!
Hallo, Mama!
Heiß!
Das macht Spaß!
Heute ist es aber kalt!

1 Auf dem Schlittenberg geht es laut zu. Was könnten die Kinder ausrufen?

2 Am Rand findest du **Ausrufe**. Sprich sie und betone deutlich. Erinnere dich: Wie klingen Ausrufe? Woran erkennst du diese Satzart?

3 Schreibe die Sätze mit den passenden Satzzeichen auf.
! (4)  ? (2)  . (5)

So ein herrlicher Wintertag ☐
Anton will seinen Schlitten holen ☐
Oje ☐ Wo ist er ☐ Hat er ihn irgendwo vergessen ☐
Er fragt seine Schwester ☐ Zusammen gehen sie in den Keller ☐ Vorsicht, es ist dunkel ☐
Anton schaltet das Licht an ☐ Da steht er ja ☐
Vergnügt marschieren beide los ☐

4 Wo findet ihr viele Ausrufe? Sammelt.
Werbung, Comics …

5 Wähle aus:
a) Schreibe Ausrufe.
b) Schreibe eine Geschichte zu dem Bild oben mit vielen Ausrufen.
c) Schreibe über Weihnachten oder Silvester. Wer hat viele Ausrufe verwendet?

Nach einem **Ausruf** schreiben wir ein **Ausrufezeichen**
**!**

Textekartei  S. 125/4 b

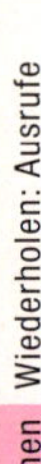


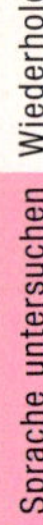




AH Seite 28

## Wörter mit ie

**Wörterschule**

- frieren*
- kriechen*
- Stiel*
- tief
- verlieren
- vier
- ziehen
- zielen

1 Was tun die zwei Kinder links?
Sprich den i-Laut im Verb so lang, dass man hört, wie anstrengend das Ziehen des Schlittens ist.

2 Schreibe die Lernwörter in Sil-ben.
Manche musst du dazu verlängern.
Sprich den i-Laut deutlich.
Schreibe so: Vie-rer, …

3 Markiere in deinen Wörtern aus Aufgabe 2 den i-Laut gelb.
Wie klingt er? Kennzeichne ihn mit ● (kurz) oder ▬ (lang).
Was stellst du fest?

4 Schreibe die Wörter in Silben.
Wie endet jeweils die erste Silbe? Klingt der Silbenkern lang oder kurz? Ordne die Wörter richtig in die Tabelle ein.

biegen, wieder, Schinken, Tiere, Birne, Kiste, viele, Hilfe, bitten, bieten, Lieder, Briefe, Brille, sitzen, Riese, Ritter

| ▬ offene Silbe | ● geschlossene Silbe |
|---|---|
| | |

**ie klingt lang.**

ie steht häufig am Ende einer offenen Silbe.

5 DU + ICH Findet für jede Spalte weitere Wörter.

6 Achtung Glatteis! Achte auf die i-Laute:

Auf der **Maschine** ist das **Krokodil** schneller als der **Tiger**.

Warum sind die fett gedruckten Wörter Ausnahmen?
Merke dir auch: **dir**, **mir**, **wir**.

AH Seite 27, 28

**Wörterschule**

- bieten*
- brauchen*
- brennen*
- lassen
- sammeln*
- schenken
- schweigen*
- stecken
- sprechen*
- tragen

## Wörter mit ver- und vor-

1 Bibu setzt Wortbausteine ein. Welche neuen Verben (6) können entstehen?

Schreibe so: sprechen – versprechen, vorsprechen
Sprich dazu: ver- mit v … vor- mit v

2 Die Wortbausteine **ver-** und **vor-** sind Vorsilben.
Was weißt du über Vorsilben? Seite 18

3 Vergleiche die folgenden Sätze. Erkläre.

Milena **schläft**. – Milena **verschläft**.
Leo **trägt** seine Tasche. – Leo wird ein Gedicht **vortragen**.

4 Setze die Verben aus der Wörterschule mit **ver-** oder **vor-** zusammen. Wo passen beide Wortbausteine?
Bilde Sätze. Verwende das Verb mit und ohne Vorsilbe.

5 Suche Verben, die du mit den Vorsilben **ver-** oder **vor-** verbinden kannst. Markiere v.

6 Schreibe den Text vollständig.
Markiere gelb: ver-, vor- und ie.

*Ein Wintertag*

*Gestern konnten wir es uns nicht ❄stellen, heute l❄gt überall nasser Schnee. T❄f b❄gen sich die Äste der Bäume. D❄ Kinder laufen hinaus und ❄sammeln sich am Hang. Alle brauchen warme Kleidung, damit s❄ nicht fr❄en. Fabian z❄ht v❄r Freunde über das Eis. Dann ❄kr❄cht er sich in ein Iglu. Samuel und Milena sch❄ben den Schnee vom Weg. Dabei ❄l❄rt das Mädchen einen Handschuh.*

Die Wortbausteine **ver-** und **vor-** sind **Vorsilben**. Vorsilben **ändern oft** den **Sinn eines Wortes**.

**vor-** und **ver-** schreibt jeder Herr und jede Frau mit Vogel-v.

## Faschingsgeschichten aus der Hosentasche

Clown Pippo schaut aus dem Fenster. Draußen ist es kalt. Brrr! Pippo schlüpft in seinen bunten Mantel und steigt in riesige Schuhe. Er singt: „Ich bin der Pippo Meier und geh zur Faschingsfeier."

1 Vier Kinder erfinden gemeinsam eine Faschingsgeschichte. Jedes hat dazu etwas mitgebracht und in der Hosentasche versteckt. Lisa fängt an. Sie holt einen Clown hervor. Lies.

Nun holt Fabian eine Plastikblume aus seiner Tasche. Er setzt die Geschichte fort.

An der Straße findet Pippo eine gelbe Blume. Sofort steckt er seine Kartoffelnase hinein. „Hatschi!", niest er, denn aus der Blume spritzt Wasser.

Ausrufe
kurze Sätze
lustige Wörter
Übertreibungen
...
auf die vorhergehende Geschichte Bezug nehmen

2 Fabian und Lisa möchten die anderen Kinder unterhalten. Wie gelingt ihnen eine lustige Geschichte? Finde zu den Stichpunkten am Rand Beispiele.

3 Was hat Amelie mitgebracht? Was könnte sie erzählen?

Hexe und Hexenbesen – fliegen – Hexe nasssspritzen – runterfallen – Schuh verlieren

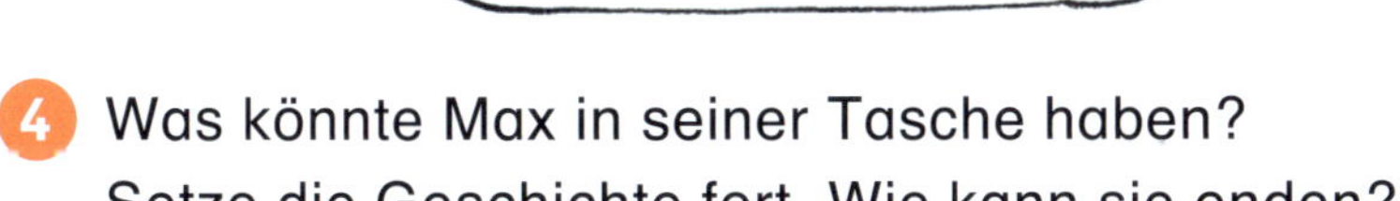

4 Was könnte Max in seiner Tasche haben? Setze die Geschichte fort. Wie kann sie enden?

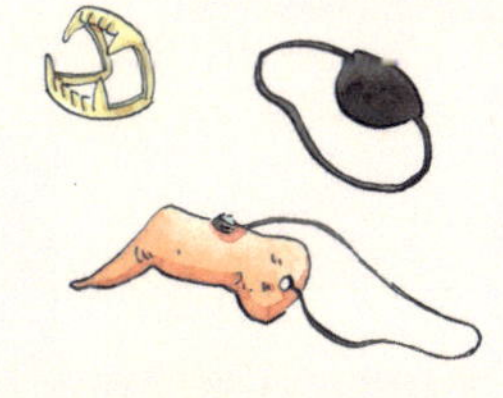

5 In der Gruppe: Bringe einen Gegenstand mit, der in deine Hosentasche passt. Erzählt nacheinander. Wer kann im Dialekt sprechen?

Erzählkreis  S. 123/1

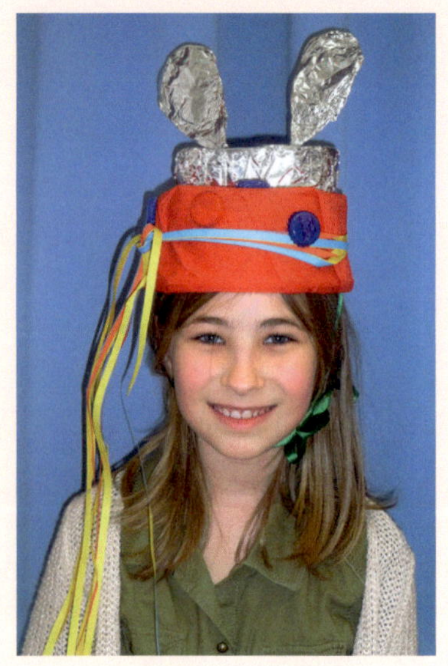

## Faschingshüte

1. Faschingsparty: Heute basteln wir Faschingshüte.
Schau dir Lilias Hut an.
Welches Material hat sie wohl verwendet?

2. Kyrill möchte auch solch einen Faschingshut basteln.
Er bittet Lilia um eine Bastelanleitung.
Welche Information muss am Anfang stehen? Warum?

3. Lilia schreibt ihre Bastelanleitung. Was fällt dir auf?

Du brauchst: einen kleinen Plastikeimer, Krepppapier, Kronkorken, Käseschachtel, Blumendraht, Alufolie, Luftschlangen, Geschenkband, Schere, flüssigen Kleber

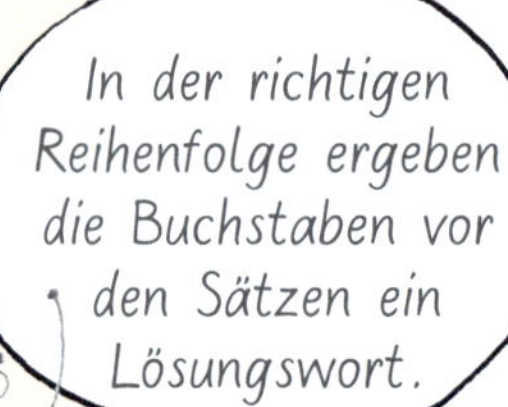


S Danach machst du eine Luftschlange um den Hut.
wickeln streichen

I Umwickle die Drähte mit Folie und mache sie oben in die Käseschachtel. stecken schneiden

F Zuerst machst du in den Eimer oben links und rechts ein Loch. nähen bohren

N Anschließend machst du die Kronkorken mit flüssigem Kleber an deinem Hut fest. halten kleben

G Zum Schluss machst du ein Band links und rechts durch die Löcher. So kannst du den Hut festbinden.
ziehen gießen

A Dann beklebst du den Eimer mit Krepppapier.

C Überziehe die Käseschachtel mit Folie und mache sie oben an den Hut. kleben kneten

H Nun mache zwei Drähte zu Ohren. biegen bringen

4. Schreibe Lilias Bastelanleitung in der richtigen Reihenfolge auf. Ersetze machen durch das jeweils treffende Verb.

*Ein Faschingshut*

*Du brauchst ...*

Textekartei → S. 126/4 e

5 Wie beginnen die einzelnen Sätze in der Bastelanleitung? Unterstreiche die Satzanfänge in deinem Heft farbig.

6 Lilias Freundin Amelie bastelt einen anderen Faschingshut. Was benötigt sie dafür?

7 Schreibe eine Bastelanleitung für Amelies Hut. Vielleicht können dir einige Satzanfänge, die du in Aufgabe 5 unterstrichen hast, helfen.

8 Expertengruppe → Seite 128/2
Stimmt die Reihenfolge? Wurden unterschiedliche Satzanfänge und treffende Verben verwendet?

9 Welche Wörter hast du falsch geschrieben? Übe sie mit der Wörterbox → Seite 121.

10 Gestalte deine Texte passend.
Male einen Umriss deines Faschingshutes und schneide ihn aus. Schreibe deine Bastelanleitung darauf.

Lied: „Mei Huat, der hot drei Ecken, …"

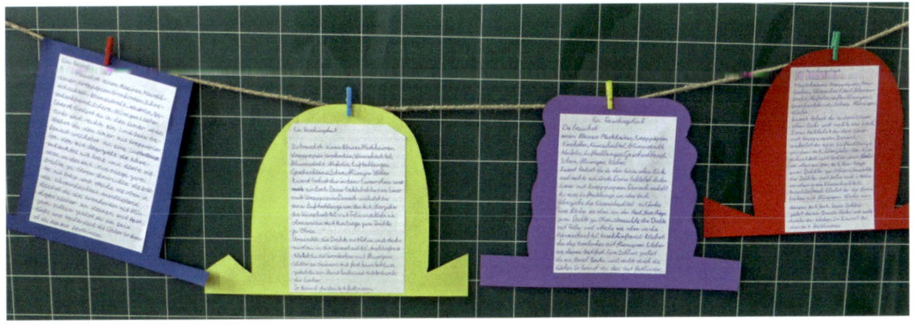

**Bastelanleitung**

Achte auf:
- Materialliste,
- Reihenfolge,
- treffende Verben,
- passende Satzanfänge.

Textekartei  S. 127

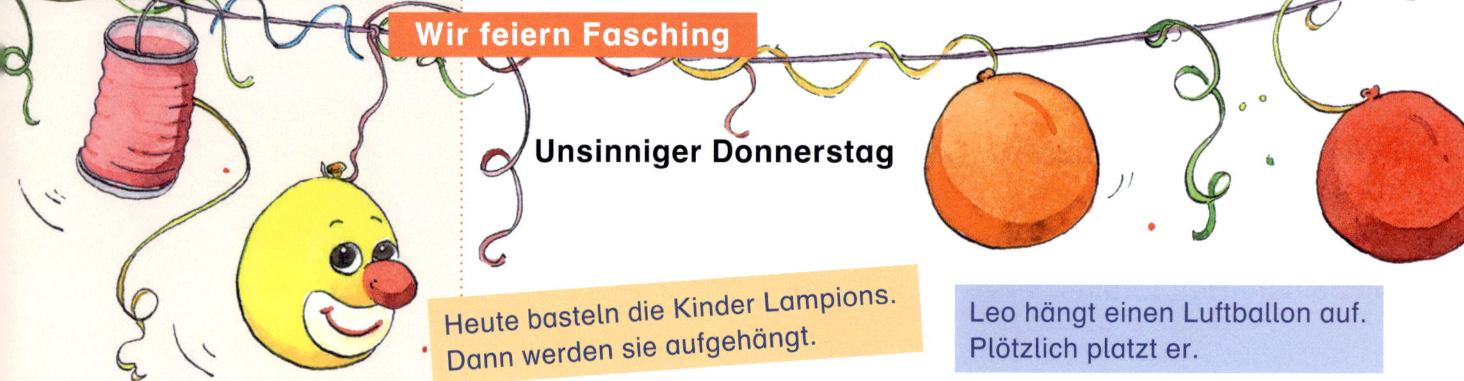

## Unsinniger Donnerstag

Heute basteln die Kinder Lampions.
Dann werden sie aufgehängt.

Leo hängt einen Luftballon auf.
Plötzlich platzt er.

Die Zwillinge werfen Luftschlangen.
Sie sind lang und bunt.

Maria pustet die Kerze kräftig aus.
Da fällt sie um.

1. So ein Unsinn! Lies die Sätze. Was ist hier merkwürdig?

2. Jeweils im zweiten Satz oben findest du ein Pronomen. Nenne es. Für welches Nomen steht das Pronomen? Warum kann man die Sätze oben falsch verstehen? Verbessere sie. → Seite 15

3. In diesen Sätzen kannst du zwei Nomen durch Pronomen ersetzen. Die anderen Nomen darfst du nicht ersetzen.

Sascha trinkt Orangensaft.
Der Orangensaft schmeckt süß.

Fabian tanzt auf dem Faschingsfest.
Fabian freut sich.

Die Katze springt nach der Wurst.
Die Wurst ist dick und fett.

Lena kauft eine Gummispinne.
Die Gummispinne sieht gefährlich aus.

Max versteckt die Kreide.
Max ist sehr aufgeregt.

4. Verbinde zu lustigen missverständlichen Sätzen.

| | |
|---|---|
| Die Hexe streichelt ihre Katze. | Er bricht zusammen. |
| Das Kind kauft ein Vampirgebiss. | Sie stinkt. |
| Der Clown springt auf den Tisch. | Sie beißt. |
| Die Prinzessin trägt eine Federboa. | Es ist blutrot. |

5. DU + ICH Erfindet lustige Sätze wie in Aufgabe 4.
WIR Vergleicht und besprecht eure Sätze.

Die Mama hot beim Tierarzt angrufn:
„Glei kummt mei Bua mit unserm
Hund vorbei. Er hot si an Haxn brochn.
Machas eahm an Gips und bhaltns ihn a Weil.“
„Findt der Hund nachha alloans hoam?“,
hot der Tierarzt gfragt.

Wer kann das lesen?
Erzähle einen Witz in deinem Dialekt.





AH Seite 34

## Ein Faschingszug

1 Lies die Sätze. Was fällt dir auf?

Die Kinder bilden eine Polonäse.
Zuerst geht Anna als Prinzessin.
Dahinter geht Daniel mit Krücke und Gipsbein.
Hinter ihm geht Maria als Roboter.
Wer geht auf leisen Sohlen als Katze?
Am Schluss geht Fabian als Frosch.

2 Verbessere die Sätze aus Aufgabe 1. Verwende für **gehen** treffendere Verben. Am Rand findest du einige. Welche Sätze gefallen dir besser? Warum?

3 Wörter, die eine ähnliche Bedeutung haben, gehören zu einem **Wortfeld**. Überlege dir ein Wort aus dem Wortfeld **gehen**. Spiele es. Die anderen Kinder raten das Verb.

4 Du kennst viele Wörter, die du für **gehen** verwenden kannst. Ordne das Wortfeld wie am Rand.

5 Hier darf gelacht werden! Die Verben sind vertauscht. Verbessere den Text.

Viele Leute schlurfen in Kostümen zum Faschingszug. Dort stampft eine feine Dame über den Platz. Kleine Mäuschen watscheln hin und her. Eine alte Hexe flitzt langsam am Ende des Faschingszugs. Neben ihr schreitet eine Katze. Beim Bäcker gibt es frische Krapfen. Schnell schleichen alle zu ihm.

**schnell gehen**
*sausen, …*

**langsam gehen**
*schleichen, …*

Wörter, die eine **ähnliche Bedeutung** haben, gehören zu einem **Wortfeld.**

Wir können uns mit diesen Wörtern oft **genauer ausdrücken.**

Textekartei → S. 126/4 e



AH Seite 32

Wörterschule

Brille*
essen
immer
kommen
Messer*
stellen
Tasse*
Teller*
Zimmer
zusammen

## Doppelte Konsonanten

Spin im le Be Schul Ra sen ter ne sen be mer

1 Welche Wörter (6) stehen in Wallis Hexenbuch? Sprich, achte jeweils auf die betonte Silbe. Wo klingt der Vokal • kurz, wo klingt er ▬ lang?

2 a) Ordne Wallis Wörter in einer Tabelle. Schreibe in Silben.

| • geschlossene Silbe | ▬ offene Silbe |
| --- | --- |
| Spin- | - |

b) Jedes Wort hat zwei Vokale. Zähle die Konsonanten zwischen diesen Vokalen. Was fällt dir auf?

3 In welche Spalte der Tabelle gehören die Lernwörter? Trage sie ein. Finde eine Regel für dein Lerntagebuch.

4 Schreibe die Verben in der Grundform, der Ich-Form und der Er-Form.

essen, bellen, kommen, sollen, stellen, wollen, küssen

Markiere so: essen, ich esse, er isst

5 DU + ICH Sammelt Wörter mit doppelten Konsonanten und ordnet sie.

Nach einem **kurzen Vokal** folgen immer **mehrere Konsonanten**. Es können zwei gleiche oder verschiedene sein.





AH Seite 31, 32

## Noch mehr Doppelkonsonanten

1 a) Entdecke die Fehler (5). Die Wörterschule hilft dir.

*Heute komt Walli zu spät in die Hexenschule. Schnel stelt sie ihre Tasche auf den Boden. Ihr Hustensaft ist ausgelaufen. Wie dum, alles ist nas!*

b) Wie kannst du solche Fehler vermeiden?

2 So hörst du den Doppelkonsonanten besser: Verlängere die falsch geschriebenen Wörter und schreibe sie in Silben.

kom-men, also: kommt   schnel-le, also: schnell

3 Verlängere auch die restlichen Wörter (5) aus der Wörterschule. Schreibe und markiere wie in Aufgabe 2.

4 Lies, was Walli noch erlebt. Schreibe die ganze Geschichte (Aufgabe 1 und 4) richtig auf.

*Doch es ko_t noch schli_er. In der Hexenküche rutscht sie auf dem gla_en Boden aus. Te_er, Ta_en, Me_er und Lö_el fa_en aus dem Regal. Tobi ist so ne_ und räumt a_es auf. Zusa_en e_en sie aus tiefen Te_ern fe_ige Su_e. Bald sind a_e Hexenkinder sa_.*

5 Wähle aus:

a) Finde weitere Wörter mit doppelten Konsonanten.

b) Schreibe Sätze mit Wörtern, die doppelte Konsonanten enthalten.

c) Schreibe die Hexengeschichte weiter. Verwende viele Wörter mit Doppelkonsonanten.

**Wörterschule**

dumm
fett*
glatt*
nass*
nett*
satt*
schlimm
schnell

**Doppelte Konsonanten**

Der **Vokal** vor einem doppelten Konsonanten klingt **kurz**.

dumm: dum-me
schnell: schnel-le



AH Seite 33, 34

## Dicke Luft

1 Emma wollte beim Superball mitmachen. Leo ließ sie nicht mitspielen und beleidigte sie. Emma ärgerte sich und trat Leo gegen das Schienbein.
Wie fühlt sich jetzt
- Emma, die nicht mitspielen durfte?
- Leo, der getreten wurde?

2 Emma und Leo gehen zu Streitschlichtern.
Was tun Streitschlichter?
Wie lösen sie Konflikte?
Wie werden sie ausgewählt?
Du kannst dich auch im Internet informieren.

3 Die Streitschlichter schlagen Emma und Leo vor, wie sie miteinander sprechen können:

1. Sage, was dich geärgert hat.
2. Überlege, was du falsch gemacht hast.
3. Schlage vor, wie ihr euch wieder vertragen könnt.

Versetze dich in Emmas und Leos Situation.
Bilde vollständige Sätze.

4 Schaut die Bilder am Rand an. Ahmt die Körperhaltung (Gestik), und den Gesichtsausdruck (Mimik) nach.
Wie kann Emma zeigen, dass sie sich wieder vertragen möchte?

5 Spielt das Gespräch zwischen Emma und Leo. Überlegt euch Sätze, die schließlich zur Versöhnung führen.

Konfliktgespräch  S. 123/2

## Streit am Futternapf

Rüsselchen, das Lieblingsferkel des Bauern Beck, bekam oft Leckerbissen. Diesmal war ein halber Apfelkuchen in seinem Futternapf gelandet. Auch die Ameise Adele krabbelte herbei, als sie die süße Verführung roch. Rüsselchen fragte ärgerlich: „Was willst du denn da?“ Adele antwortete schnippisch: „Apfelkuchen natürlich.“

überlegte, drohte, meinte, sprach, rief, entgegnete, forderte auf, verriet, lobte, stotterte, flüsterte, bemerkte, schluchzte, murmelte, wisperte, schimpfte, schrie, seufzte

1 Sätze, die **wörtlich** wiedergeben, was jemand **redet**, haben einen bestimmten Namen. Wie heißen sie?

Wïıllilı Rılı

2 Am Anfang und am Ende der wörtlichen Rede stehen **Anführungszeichen**. Wie sehen sie aus?

3 Vor der wörtlichen Rede steht oft ein Begleitsatz. Er sagt uns, wer spricht und wie gesprochen wird. Lies die beiden Begleitsätze oben. Welches Satzzeichen steht am Ende dieser Sätze?

4 Was sagte Rüsselchen? Was sagte Adele?

sagte: Hm, dein Kuchen schmeckt lecker.

sagte: Ach, ich Arme! Ich bin so hungrig.

sagte: Sieh zu, dass du aus meinem Futternapf verschwindest!

sagte: Da bleibt ja für mich nichts mehr übrig.

Textekartei → S. 126/4 e

5 Welches Verb steht hier immer vor der Rede? Gefällt dir das? Nenne passende Wörter zum Wortfeld **sagen**. Schreibe die Sätze aus Aufgabe 4 als wörtliche Reden mit Begleitsatz und anschließendem Doppelpunkt.

Warum stehen in Sprechblasen keine Anführungszeichen? Worauf musst du achten, wenn du den Text ohne Sprechblase aufschreibst?

AH Seite 36

6 Rüsselchen und Adele stritten immer mehr. Dabei dachten sie sich kleine Bosheiten aus. Erzähle.

7 Was redeten die beiden wohl? Spielt das Streitgespräch.

8 Die Geschichte soll so ausgehen, dass beide zufrieden sind. Wie gelang es den Tieren, sich wieder zu vertragen?

9 Schreibe, wie sich Rüsselchen und Adele stritten und versöhnten. Entscheide dich für eines der Bilder oben.
Du kannst dir auch selbst etwas ausdenken.
Lass die Tiere miteinander sprechen.
Achte auf die Redezeichen.
Verwende unterschiedliche Wörter für **sagen**.

10 Autorenlesung → Seite 128/1
Gibt es treffende Wörter aus dem Wortfeld **sagen**?
Ist das Ereignis lebendig erzählt?
Passt der Schluss?

**Wörtliche Reden** machen deine Geschichten lebendiger.
…: „___.“
Verwende **treffende Verben** für **sagen**.

Textekartei → S. 125/4 a
S. 126/4 e





AH Seite 36

## Im Klassenzimmer

1 Was geschieht auf dem Bild?

2 Spielt die Situation. Betont die Sätze so, wie die drängelnden Kinder sie sprechen.

3 Manche Kinder fordern andere auf, Platz zu machen.
Wie wirken ihre Aufforderungen auf dich?
Warum gefallen dir manche?
Warum gefallen dir andere nicht?

„Hau ab!“ finde ich unfreundlich.
… klingt viel höflicher.

4 Wie möchtest du aufgefordert werden, um gerne zurückzutreten? Nenne Beispiele.

5 Spiele, wie du ein anderes Kind bittest, zurückzutreten. Verwende dazu auch dein Gesicht (Mimik) und deinen Körper (Gestik).

AH Seite 38

6 Aufforderungen sind meistens deutlich und direkt. Welches Satzzeichen schreiben wir am Ende dieser Aufforderungssätze?

7 Manchmal sind unsere Aufforderungen nicht so stark. Welche Satzzeichen können wir dann verwenden? Nenne Beispiele.

8 Die Lehrerin möchte, dass die Kinder aufpassen. Was sagt sie? Schreibe mindestens drei Aufforderungssätze.

9 Schreibe die folgenden Sätze und ergänze die Satzzeichen am Schluss.

Komm sofort von der Fensterbank herunter
Gib mir dein Heft
Lässt du mich deine Geschichte lesen
Ich will mit dir spielen
Geh nie bei Rot über die Straße
Trage immer deinen Fahrradhelm

10 Welche Aufforderungen passen zu den Bildern? Schreibe Sätze.

11 Du möchtest mit deinen Eltern ins Kino gehen. Schreibe Aufforderungssätze. Ein Zauberwort macht deine Sätze schöner.

**Pantomime**

Du darfst nicht sprechen. Bringe ein anderes Kind nur mit deinem Gesicht, deinen Händen und deinem Körper dazu, etwas zu tun. Beispiel: sich die Hände waschen, das Fenster öffnen, sich ganz schnell in Sicherheit bringen …

Wir können **unterschiedlich auffordern**:

„Hör zu!“
„Gib mir bitte das Heft.“
„Bleib sofort stehen!“

Textekartei → S. 125/4 b





AH Seite 38

## Am Wortende d oder t – g oder k?

1 Sprich die Wortpaare genau. Sprich in Silben.
In welchen Wörtern hörst du d oder g deutlicher? Erkläre.

Aben d → Aben- d e, Ber g → Ber- g e, frem d → frem- d e

2 Wie kannst du Nomen verlängern? Wie verlängerst du Adjektive? Erkläre.

3 Verlängere alle Nomen (6) und alle Adjektive (2) aus der Wörterschule. Die Boxhandschuhe helfen dir.
Schreibe und markiere wie in Aufgabe 1.

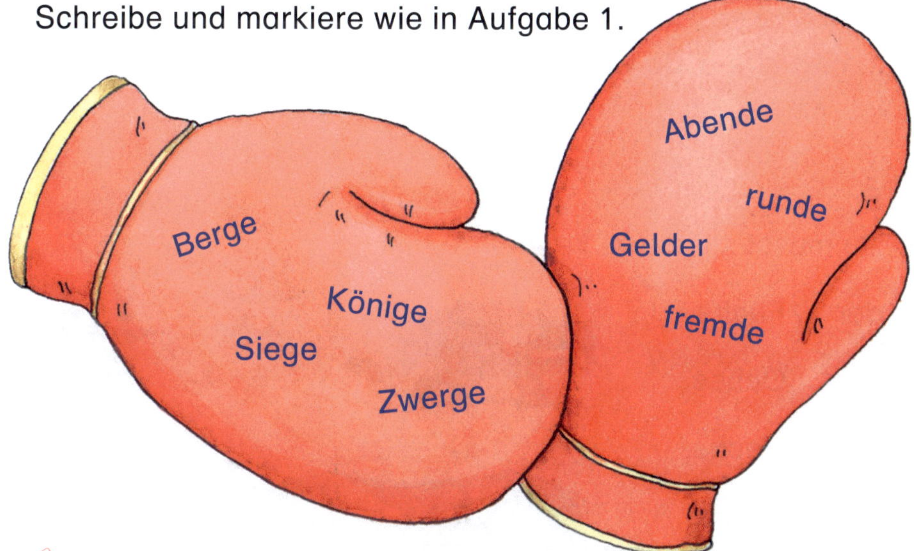


4 d (3) oder t (1)? Verlängere die Verben.
Bilde die Grundform. Schreibe in Silben.

es wir ☐ → ☐ er fan ☐ → ☐
sie häl ☐ → ☐ sie ban ☐ → ☐

Schreibe so: es wird → wer-den, …

5 DU + ICH Zeichnet jeweils eine Tabelle auf ein Blatt.
Ordnet die Wörter und sucht weitere dazu.

Kin ☐, lusti ☐, Krie ☐, gu ☐, wil ☐, Ban ☐, Ban ☐,
blin ☐, We ☐, Wor ☐, Wal ☐, Ta ☐, geschwin ☐,
Mun ☐, Ste ☐, Schran ☐, kran ☐, gesun ☐,
klu ☐, Hun ☐, Ber ☐, al ☐, Gel ☐, star ☐

| d oder t | g oder k |
|---|---|
| Kin- d er → Kin d | lus-ti- g e → lusti g |

AH Seite 35

**Wörterschule**

Abend
Berg
fremd
Geld
König*
rund
Sieg*
wird
Zwerg*

Am Wortende
d oder t – g oder k?
Ich verlängere das Wort,
dann ist es klar.

run d – run d e
Ber g – Ber g e
es wir d – wer d en

**Wörterschule**

sechs
Eidechse*
Fuchs
wachsen*
Dachs*
Ochse*
wechseln*
Lachs*

## Wörter mit chs

① Sprich die Wörter in der Wörterschule deutlich.
Welchen ungewöhnlichen Laut hörst du in jedem Wort?
Wie schreibst du ihn?

② Schreibe die Lernwörter auf. Markiere **chs** gelb.
Denke dir dafür eine Ordnung aus.

③ Verbtest: ich Schreibe die Verben (2) aus der Wörterschule in allen Personalformen → Seite 11 auf.

Schreibe so:
ich wa chs e, du wä chs t, …
ich we chs le, du we chs elst, …

④ Ergänze passende Adjektive vom Rand.
Du musst sie etwas verändern.

der … Fuchs,
der … Ochse,
der … Dachs,
der … Lachs,
die … Eidechse,
der … Luchs,
das … Gewächs

⑤ Entdecke die Fehler (9). Schreibe den Text richtig auf.
Finde einen passenden Schluss.

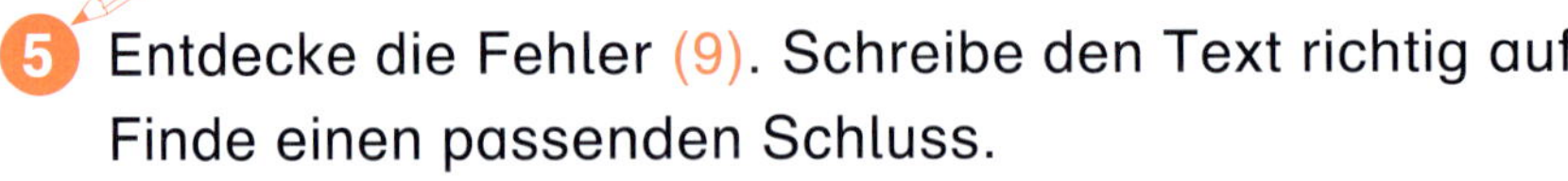

*Das Zauberkraut*

*Eines Abends kommt ein Daks in ein fremdes Land. Er sucht ein Wildkraut, das dort am Waldrant wächst. Drüben läuft ein Fux den Berg herab. Auch er sucht das Gewäks. „Hau ab!", ruft er und schläkt dem Dachs auf die Nase. Die beiden streiten lange. Keiner siekt. Da schauen seks Zwerge aus einem Erdloch: „Denkt daran, das Kraut wirt nur wirken, wenn ihr es teild." …*

**Üben und merken!**

Ich übe die Wörter und merke sie mir, besondere Stellen sage ich dir:
Fuchs mit chs.





AH Seite 37

1 Schreibe die Verben in Gegenwart, 1. und 2. Vergangenheit auf.
Verwende immer die Er-Form.

wärmen, verlängern, steigen, verlieren, ziehen, träumen

Beispiel: er zielt, er zielte, er hat gezielt

2 Schreibe in Sil-ben. Ordne nach der ersten Silbe.

lassen, tragen, Zimmer, kriechen, schenken, essen, baden, Zeiger

lang/offene Silbe: ¿

kurz/geschlossene Silbe: ¿

3 Setze richtig ein: **ie**, Doppelkonsonant oder **chs**.

Im Winter verkr ¿ chen sich v ¿ le T ¿ re.

Spi ¿ en und Libe ¿ en fa ¿ en in Wintersta ¿ e.

Da ¿ e z ¿ hen sich oft in Fu ¿ höhlen zurück.

In der Natur wä ¿ t nichts mehr.

Deswegen mü ¿ en Rehe und Hirsche gefü ¿ ert werden.

4 Bilde mit den Wortbausteinen **-nis**, **-heit**, **-keit** Nomen.
Schreibe sie mit dem Artikel auf.

erlauben, frei, heiser, sauber, finster, frech, wild

5 Ergänze **ver-** oder **vor-**.

Amelie möchte ein Kätzchen ¿ schenken.
An der Kasse will Sascha eine alte Frau ¿ lassen.
Ein Schiff kann im Meer ¿ sinken.
Emma darf im Chor ¿ singen.

6 Berichtige die falsch geschriebenen Wörter. Schreibe auch,
was dir dabei geholfen hat.

Beispiel:
Diep Dieb → weil: Diebe
kenntnis Kenntnis → weil: -nis ist Wortbaustein für Nomen

Tak, Menner, dummheit, wilt, biekt, erlaupt, Beume

Wiederholen

## ③ Überprüfen und üben

→ S. 40 S. 41

1 Schreibe die Verben in Gegenwart, 1. und 2. Vergangenheit auf. Verwende immer die Er-Form.
er wärmt, er wärmte, er hat gewärmt
er verlängert, er verlängerte, er hat verlängert
er steigt, er stieg, er ist gestiegen
er verliert, er verlor, er hat verloren
er zieht, er zog, er hat gezogen
er träumt, er träumte, er hat geträumt

→ S. 27

2 Schreibe in Sil-ben. Ordne nach der ersten Silbe.
lang/offene Silbe: tra-gen, krie-chen, ba-den, Zei-ger
kurz/geschlossene Silbe: las-sen, Zim-mer, schen-ken, es-sen

→ S. 49 S. 57 S. 64

3 Setze richtig ein: **ie**, Doppelkonsonant oder **chs**.
Im Winter verkriechen sich viele Tiere. Spinnen und Libellen fallen in Winterstarre. Dachse ziehen sich oft in Fuchshöhlen zurück. In der Natur wächst nichts mehr. Deswegen müssen Rehe und Hirsche gefüttert werden.

→ S. 47

4 Bilde mit den Wortbausteinen **-nis**, **-heit**, **-keit** Nomen. Schreibe sie mit dem Artikel auf.
die Erlaubnis, die Freiheit, die Heiserkeit, die Sauberkeit,
die Finsternis/Finsterkeit, die Frechheit, die Wildheit/Wildnis

→ S. 50

5 Ergänze **ver-** oder **vor-**.
Amelie möchte ein Kätzchen verschenken. An der Kasse will Sascha eine alte Frau vorlassen. Ein Schiff kann im Meer versinken. Emma darf im Chor vorsingen.

→ S. 42 S. 43 S. 47 S. 63

6 Berichtige die falsch geschriebenen Wörter. Schreibe auch, was dir dabei geholfen hat.

Tag → weil: Tage
Dummheit → weil: -heit ist Wortbaustein für Nomen
wild → weil: wilde
erlaubt → weil: erlauben
Männer → weil: Mann
biegt → weil: biegen
Bäume → weil: Baum

Bist du mit deinem Ergebnis zufrieden?
Male zu jeder Aufgabe passend: ☺ 😐 ☹

😐 ☹ Wie willst du üben?
Sprich auch mit deiner Lehrerin, deinem Lehrer.

## Lerne deine Sinne kennen

1. Was machen die Kinder? Beschreibe.

2. Die Kinder sehen, riechen, hören, tasten und schmecken an den einzelnen Stationen. Welche Teile ihres Körpers ermöglichen diese Sinneswahrnehmungen?

3. Wenn du deine Sinne schärfst, nimmst du dich und die Welt intensiver wahr.
Wie kannst du deine Sinne trainieren?

4. Es gibt mehr als fünf Sinne. Mache folgende Versuche:
   - Schließe deine Augen. Berühre mit deinem Finger deine Nasenspitze. Schaffst du das? Warum?
   - Balanciere auf einer Slackline, einem Seil, das du zwischen zwei Bäume spannst. Was ist dabei schwierig?
   - Wo fühlst du, dass du hungrig oder durstig bist? Was fühlst du genau?
   - Wenn du frierst oder wenn dir sehr heiß ist, spürst du das mit deinem Körper. Beschreibe möglichst genau.

5. Über manche Leute wird gesagt: „Der hat den sechsten Sinn." Was ist damit gemeint?

Im **Erfahrungsfeld der Sinne** in Nürnberg kannst du an ungewöhnlichen Stationen deine Sinne trainieren. Informiere dich im Internet.

## Sinnesrondo

1 ICH ▶ Milena und Paul notieren, was sie an einem Nachmittag alles wahrnehmen. Welche Sinne nutzen sie dabei? Überlege zu jedem Stichpunkt genau.
Zeichne die Tabelle ab und ordne die Stichpunkte ein.

tropfender Wasserhahn   Erde   Pizza
Zitronenbonbon   Regenbogen   Seifenblasen
erste Sonnenstrahlen   frisch gewaschenes Handtuch
Döner   Flötenspiel   Fell meines Hamsters

| sehen | hören | riechen | fühlen | schmecken |
|---|---|---|---|---|
| … | | | | |

2 DU + ICH ▶ Vergleicht eure Tabellen. Wo habt ihr unterschiedlich eingeordnet? Erklärt, warum.

3 WIR ▶ Stellt eure Zuordnungen in der Klasse vor. Begründet eure Entscheidungen.

4 ICH ▶ Suche einen Ort, wo du viele Sinneseindrücke wahrnimmst. Notiere deine Wahrnehmungen in Stichpunkten und ordne sie wie in Aufgabe 1.

5 DU + ICH ▶ Lies deine Stichpunkte vor. Dein Nachbarkind erklärt, mit welchem Sinn du wahrgenommen hast.

6 Emma interessiert sich besonders für den Gehörsinn. Sie fertigt eine Geräuschkarte an. Auf dieser zeichnet sie ihren Standort im Zimmer ein. Sie notiert, wo sie welches Geräusch hört.
Schau an den Rand und erkläre.

7 Fertige deine eigene Geräuschkarte. Trage innerhalb von fünf Minuten alle Geräusche ein, die dein Ohr wahrnimmt und wo es sie wahrnimmt.

## Hörrondo

▲ Ich höre Kinder im Zimmer.
● Sie lachen, tuscheln und kichern.
▲ Ich höre Kinder im Zimmer.
✶ Alle sind meine Freundinnen und Freunde.
▲ Ich höre Kinder im Zimmer.
◎ Gerne bin ich mit ihnen zusammen.
▲ Ich höre Kinder im Zimmer.
● Sie lachen, reden und spielen.

1. In der Musik nennen wir ein Stück „Rondo“, wenn die gleiche Melodie immer wieder auftaucht. Warum hat Milena ihr Gedicht „Hörrondo“ genannt?

2. Welcher Sinn wird in diesem Gedicht besonders angesprochen? Lies die Zeile vor.

3. Schreibe dein eigenes Seh-Rondo, Schmeck-, Riech-, Hör- oder Fühl-Rondo. Deine Stichpunkte von Seite 68 aus Aufgabe 4 helfen dir.

Ich höre …
Ich sehe …
Ich rieche …
Ich schmecke …
Ich fühle …

4. Lest euer Rondo laut vor. Sprecht die Zeile, die sich wiederholt, gemeinsam.

5. Zeichne einen Kreis und schneide ihn aus. Schreibe dein Rondo darauf. Malt ein Bild zu jedem Sinnesorgan und hängt die passenden Rondos rund um die Bilder auf.

Jeder spielt so gut er kann

Vielleicht könnt ihr eure Rondos auf der Homepage eurer Schule veröffentlichen?

## Im Dunkelcafé

1. Sara und ihre Mutter besuchen in Nürnberg das „Erfahrungsfeld zur Entfaltung der Sinne“. Was stellst du dir darunter vor?

2. Was unternehmen sie dort am Nachmittag? Setze die Glieder von Saras Armband richtig zusammen.

GEHT | AM NACHMITTAG | SARA | MIT IHRER MUTTER | INS DUNKELCAFÉ

3. Bastle Wortkarten wie in Aufgabe 2. **Stelle** sie **um**. Das nennt man **Umstellprobe**. Wie viele Sätze kannst du bilden? Schreibe sie auf. Denke an die Satzzeichen.

4. Du hast die Wortarten wie die **Glieder** einer Kette zu Sätzen zusammengefügt. Deine Sätze bestehen aus mehreren **Satz______**. Nenne sie.

5. Aus wie vielen Wörtern bestehen die einzelnen Satzglieder?

6. Manche Satzglieder bestehen aus mehreren Wörtern. Schneide diese Satzglieder so auseinander, dass du einzelne Wörter erhältst. Versuche jetzt, durch Umstellen einen sinnvollen Satz zu bilden. Was stellst du fest?

Ein Satz besteht aus **Satzgliedern**.

Ein Satzglied kann aus **einem oder mehreren Wörtern** bestehen.

Satzglieder können wir **umstellen**.

7 Aus wie vielen Satzgliedern besteht der folgende Satz?

Ein blinder Kellner serviert im Dunkeln den Kuchen.

Schreibe den Satz. Stelle ihn möglichst oft um. Denke an die richtigen Satzzeichen. Kreise alle Satzglieder ein.

8 Lies deine Sätze laut. Betone richtig.
Mache die **Klangprobe**:

Wann **klingt** dein Satz so?

Wann passt dieser **Klangbogen**?  Seite 23

9 Bilde mit folgenden Satzgliedern verschiedene Sätze. Schreibe sie richtig auf. Denke an das passende Satzzeichen.

BESTELLT | HEUTE | IM DUNKELCAFÉ | SARA | EINEN APFELSAFT

AUF EINEM TABLETT | DER KELLNER | IHR | DAS GETRÄNK | BRINGT

SIE | SCHÜTTET | DEN SAFT | IN DAS GLAS | VORSICHTIG

NASS | PLÖTZLICH | IST | IHRE HAND

10 Was erleben Sara und ihre Mutter noch im Dunkelcafé? Sie möchten essen, trinken, auf die Toilette gehen und am Ende bezahlen. Welche Schwierigkeiten können sich ergeben? Warum bewegt sich der Kellner so sicher? Schreibe Saras Geschichte auf.
Textekartei Seite 124 bis 126

**Wir spielen Satzglieder**
Gruppenspiel: Sucht einen Satz mit so vielen Satzgliedern, wie ihr Kinder in der Gruppe seid. Beispiel: 4 Kinder – 4 Satzglieder. Stellt euren Satz vor der Klasse auf großen Papierbögen vor.
Jedes Kind spricht „sein Satzglied".
Die Klasse darf euch umstellen, es muss aber immer ein sinnvoller Satz bleiben.

Wenn ich eine Geschichte schreibe, stelle ich manchmal Sätze um. Weißt du, warum? Denke an den Merksatz auf Seite 9.

**Umstellprobe**

Wörter, die beim Umstellen **zusammenbleiben**, bilden ein **Satzglied.**

AH Seite 44

Wörterschule

fühlen*
riechen
schmecken*
sehen*
tasten*

## Wortstämme

1. Zu welchem Bild passen diese Wörter?
Nenne auch den Wortstamm.
das Gefühl, anfühlen, fühlbar

2. Welche Buchstaben musst du in dem Wortstamm fühl besonders beachten? Suche Wörter, die zur Wortfamilie fühlen gehören. Sprich, schreibe und markiere wie Bibu.

3. Schau auf die Bärchen. Was fällt dir auf?
Schreibe die Wörter auf, rahme die Wortstämme ein.

4. Hier sind Wortfamilien (4) durcheinandergeraten.

Geschmack, ertasten, Hörgerät, Tasthaare, wegsehen, Gehör, abschmecken, Tastatur, geschmacklos, tastbar, abhören, Ansicht, Hörer, Aussehen, schmackhaft, sichtbar

Schreibe Nomen mit Artikel. Ordne und markiere so:

[schmeck]en: der Ge[schmack], …
[seh]en: …
[tast]en: …
[hör]en …

Wörter einer **Wortfamilie** haben den **gleichen** oder einen **ähnlichen Wortstamm.**

Wortstämme helfen, richtig zu schreiben:
schmecken,
der Geschmack.

5. Sammelt weitere Wörter zu Aufgabe 4.

**Der Sinnesstand**
Bastelt einen Sinnesstand wie auf den Fotos oben. Jetzt könnt ihr eure Sinne testen. Vor dem Stand steht ein Kind. Es lässt dich bestimmte Dinge beschnuppern, kosten oder tasten.





AH Seite 41, 42

## Wörter mit tz

*Louis Braille verletzte sich als Junge mit einer spitzen Nadel am Auge und erblindete.
Viele blinde Menschen benützen heute noch eine Schrift, die der Junge 1825 erfunden hat. Mit Hilfe des Tastsinns kann man die Buchstaben auf dem Papier ertasten. So ersetzen die Finger das Auge.
Auch du kannst mit deinen Fingern vieles erfühlen.
Die Haut an deinen Fingern ist verletzlich.
Daher sollst du sie schützen.
Du fühlst auch leichte Kratzer.*

1 Luisa ist blind. Wie kann sie lesen? Erkläre mithilfe des Textes.

2 Schließe die Augen und versuche nur mit deinen Fingerspitzen Dinge auf deinem Tisch abzutasten. Was fühlst du?

3 a) Schreibe die Lernwörter, wenn möglich, in Silben auf.
b) Wie klingen die betonten Silben? Markiere den Silbenkern vor tz mit • (kurz) oder ▬ (lang).
c) Betrachte die betonten Silben. Was haben sie gemeinsam? → Seite 12/5

4 Wann schreibst du tz? Finde eine Regel für dein Lerntagebuch.

5 Schreibe zu jedem Lernwort zwei verwandte Wörter.
krat-zen: der Krat-zer, …

6 Du kennst andere Wörter, in denen der Vokal kurz gesprochen wird. Was geschieht mit den Konsonanten nach diesen Vokalen? → Seiten 56, 57
In deutschen Wörtern gibt es kein zz, wir schreiben tz: Krat- zer. Erkläre.

7 Blitzdiktat → Seite 122/1 Übt den Text von oben so.

**Wörterschule**

- kratzen*
- nützen*
- Platz
- schützen
- setzen*
- spitz*
- verletzen*

Gibt es in eurer Nähe eine Schule für blinde Kinder? Vielleicht könnt ihr sie besuchen?

Der **Silbenkern** vor tz klingt **kurz**: se tz en.

Wir trennen nach Silben: set-zen.

AH Seite 43, 44

# Im Frühling ist was los!

**Rotkehlchen**

Rotkehlchen auf dem Zweige hupft,
wipp, wipp!
Hat sich ein Beerlein abgezupft,
knipp, knipp!
Lässt sich zum klaren Bach hernieder,
tunkt 's Schnäblein rein und hebt es wieder,
stipp, stipp, nipp, nipp!
Und schwingt sich wieder in den Flieder.
Es singt und piepst ganz allerliebst,
zipp, zipp, zipp, zipp, trill!
Sich eine Abendmelodie.
Steckt's Köpfchen dann ins Federkleid
und schlummert bis zur Morgenzeit.

Wilhelm Busch

1. Lies das Gedicht über das Rotkehlchen. Was fällt dir auf?

2. Wilhelm Busch ahmt in seinem Gedicht Geräusche und Bewegungen durch sprachliche Laute nach. Das nennt man Lautmalerei. Finde dafür Beispiele.

3. Welche Verben passen zu diesen Lautmalereien?

| zipp, zipp | wipp, wipp | knipp, knipp |
|---|---|---|
| nipp, nipp | stipp, stipp | trill, trill |

wippen, abknipsen, stippen, nippen, zirpen, trillern

4. Erkläre, was die Verben vom Rand bedeuten.

   … bedeutet, den Schnabel eintauchen.
   … heißt, etwas abzupfen. … steht für etwas probieren.

   Spielt zu jedem Verb aus Aufgabe 3.

5. DU + ICH Besprecht, welche Wörter in dem Gedicht ihr besonders betonen möchtet. Übt und tragt gemeinsam vor. Ihr könnt zur Lautmalerei spielen.

6. Beurteilt den Vortrag: Ist es den Kindern gelungen, das Gedicht lebendig und gut betont vorzutragen?

   Mir hat besonders gefallen, dass …
   Mir hat gefallen, wie …

## Beobachtungen am Vogelnest

Unter dem Garagendach sitzt ein kleiner Vogel. „Ich glaube, das ist ein Rotschwänzchen“, sagt Pauls Vater. „Vielleicht nistet es dort. Lass uns im Internet nachschauen, was wir alles über diesen Vogel erfahren können.“

Wie nennst du diesen Vogel in deiner Mundart?

1. Tatsächlich, im Laufe der folgenden Wochen ist viel los unter dem Garagendach. Beschreibe.

2. Die Bilder sind durcheinandergeraten. Finde eine logische Reihenfolge, dann erfährst du, was junge Rotschwänzchen gerne fressen.

3. Versuche, Pauls Beobachtungen der Reihe nach zu beschreiben. Sprich in ganzen Sätzen.

4. In der Schule darf Paul jeden Montag von den Rotschwänzchen berichten. In einer Woche passiert viel. Was kann Paul tun, damit er nichts Wichtiges vergisst?

5. Informiere dich über die Lebensweise des Rotschwänzchens in Kindersachbüchern. Notiere Wissenswertes, vergleicht eure Notizen.

| Datum | Beobachtung |
| --- | --- |
| 14. April | Ein Rotschwänzchen sitzt auf einem Balken unter dem Garagendach. |
| 16. April | Das Rotschwänzchenpaar baut ein Nest unter dem Garagendach. Den ganzen Tag trägt es Halme und Zweige herbei. |

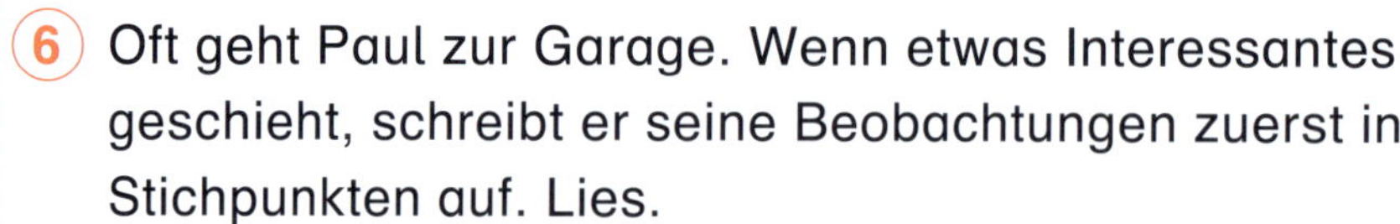

6 Oft geht Paul zur Garage. Wenn etwas Interessantes geschieht, schreibt er seine Beobachtungen zuerst in Stichpunkten auf. Lies.

| | |
| --- | --- |
| 14. April | Rotschwänzchen auf Balken, Garage |
| 16. April | Paar baut Nest, Halme, Zweige |

7 Später trägt Paul seine Beobachtungen in einer Tabelle ausführlicher ein. Schau an den Rand und erkläre.

8 Paul schreibt weitere Stichpunkte auf. Dabei verwendet er auch Fachausdrücke. Welche sind das? Was bedeuten sie?

| | |
| --- | --- |
| 20. April | sieben Eier: klein, hellblau |
| 23. April | brüten |
| 27. April | brüten |
| 2. Mai | vier Junge: nackt, Augen geschlossen |
| 5. Mai | Eltern: den ganzen Tag füttern – Fliegen, Spinnen, Käfer, Mücken |
| 9. Mai | Junge: erste Federn |
| 19. Mai | alle jungen Vögel: Flugversuche |
| 25. Mai | alle jungen Vögel flügge |

9 Zeichne eine Tabelle wie in dem Heft am Rand. Bilde mit den Stichpunkten aus Aufgabe 8 kurze Sätze. Wie gelingt dir das? Sprecht darüber.

10 Wenn in eurer Umgebung ein Nest ist, geht in kleinen Gruppen hin und beobachtet es regelmäßig. Schreibt eure Beobachtungen auf. Malt dazu, was ihr gesehen habt.

Geht vorsichtig und nicht zu nah an ein Vogelnest heran, sonst stört ihr die Vögel.
Auf keinen Fall dürft ihr etwas anfassen!

11 Gebt etwas feuchte Watte in eine Glasschale. Streut Kressesamen darauf. Was geschieht in den folgenden Tagen? Schreibt eure Beobachtungen auf.

**Beobachtungen** festhalten:

1. **Stichpunkte** notieren.
2. Aus Stichpunkten werden Sätze.

Textekartei   S. 127

## Am Waldrand

1 **Wer oder was** tut das? Schreibe die Fragen auf.

**Wer oder was ...**

- säubert den Wald?
- hoppelt auf der Wiese?
- klopft an den Baum?
- sammelt Nektar?

2 Schreibe zu den Fragen aus Aufgabe 1 die richtigen Antworten in vollständigen Sätzen.

Die Ameise | Die Biene | Der Specht | Der Hase

3 Nenne in den Sätzen aus Aufgabe 2 das Satzglied, welches dir auf die Frage: **„Wer oder was?“** antwortet. Unterstreiche dieses Satzglied in deinem Heft farbig.

4 Das Satzglied, das du in Aufgabe 3 unterstrichen hast, heißt **Subjekt**. Wie kannst du danach fragen? Welche Wortart erkennst du?

5 Am Waldrand blühen die ersten Blumen. **Wer oder was** sitzt auf der Blume? Schreibe und unterstreiche so:

*Die Spinne sitzt auf der Blume.*

Ersetze den Satzgegenstand durch unterschiedliche Tiernamen. Die Wörter in Spiegelschrift helfen dir. Du darfst auch andere Tiernamen verwenden.

Seite 70/71

AH Seite 46, 48

6 Schreibe folgende Sätze. Unterstreiche das Subjekt farbig. Was fällt dir auf?

Die Eule kann im Dunkeln gut sehen. Deshalb jagt die Eule in der Nacht. Schon sieht die Eule ein Mäuschen. Blitzschnell stürzt die Eule herunter. Die Eule will die Maus greifen.

7 Verbessere den Text. Den ersten Satz veränderst du nicht. In den folgenden Sätzen ersetzt du manchmal die Eule durch ein anderes Wort. Zu welcher Wortart gehört das Wort, das du anstelle die Eule verwendest?

Seite 15

Lest und vergleicht beide Texte. Sprecht darüber.

8 Bilde zu jedem Tier zwei Sätze. Verwende im zweiten Satz ein Pronomen als Subjekt. Warum?

| | | |
|---|---|---|
| Der Hase | hat lange Hinterläufe. | kann Haken schlagen. |
| Das Wildschwein | wühlt im Boden. | sucht dort nach Fressen. |
| Das Reh | versteckt sich im Unterholz. | fürchtet sich vor den Menschen. |
| Der Kuckuck | sitzt auf einer Astgabel. | ruft seinen Namen. |

9 Was ist hier passiert? Schreibe den Text berichtigt auf.

Frühling

Eine Biene scheint warm vom Himmel.
Die Menschen kehren zurück.
Überall in den Bäumen zwitschern die Blumen.
Die Sonne singt ihr Hochzeitslied.
Auf den Wiesen blühen sie.
Die Natur fliegt von Blüte zu Blüte.
Die Zugvögel freuen sich.
Endlich ist eine Drossel erwacht.

Das **Subjekt** antwortet auf die Frage:
**Wer oder was?**

Das Subjekt kann ein **Nomen** oder ein **Pronomen** sein.

**Subjekt-Tausch**

Beginnt mit einem Satz. Beispiel: Die Hummel fliegt über die Wiese. Ersetzt das Subjekt durch ein anderes. Achtung: Dieses muss mit dem letzten Buchstaben des vorherigen Subjekts beginnen. Beispiel: Die Libelle fliegt … Das Spiel geht reihum.



AH Seite 46, 48

## Wortbausteine: -ig, -lich

Wörterschule

Durst*
Fleiß*
Glück
Herz*
Luft
Mensch
Milch
Stein
Vorsicht*

1 Die Bienen sind fleißig. Erkläre.
Sprich auch über die Wortarten:    ➜ 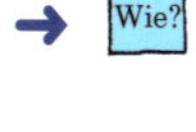

2 Du weißt, wie die beiden Wortbausteine auf den Bienenkörben heißen. Bilde mit -ig und -lich Adjektive. Verwende die Nomen aus der Wörterschule.

Schreibe so: durstig, ...

luftig

3 Finde zu jedem Adjektiv das passende Nomen. Was verändert sich bei den Wörtern?

sachlich, seitlich, löchrig, rosig, wöchentlich, elterlich, gefährlich, sonnig, friedlich, blumig, ruhig, minütlich, farbig, hungrig, schrecklich, freundlich, eckig

Schreibe und markiere so: sachlich – die Sache, ...

4 Bilde Adjektive mit den Wortbausteinen -ig oder -lich. Achtung: Manchmal ändert sich der Wortstamm. Verwende ein Wörterbuch.

das Dorf, die Last, die Natur, der Ort, das Ende, der Haufen, der Mann, die Erde, der Wind, die Angst

Schreibe so: das Dorf, dörflich, ...

5 Schreibe Sätze zu Adjektiven, die dir gefallen. Überprüfe deine Sätze mit dem Detektivstift ➜ Seite 5

Manche **Nomen** können wir mit dem Wortbaustein -ig oder -lich verbinden.

Es entstehen **Adjektive**: der Mensch – menschlich, die Luft – luftig

AH Seite 45

Wörterschule

Straße
draußen
gießen*
Strauß*
reißen*
schließlich*
süß*
fließen*

## Wörter mit ß

1 Schreibe die Wörter aus der Wörterschule geordnet auf. Markiere ß gelb. Wie hast du geordnet?

2 Ziehe in deinen Wörtern Silbenstriche. Kennzeichne den Laut vor ß mit • (kurz) oder — (lang). Was stellst du fest?

e ß a r t S

KKKVKV

3 So kannst du schwierige Wörter üben:
- Gib die Wörter in deine Wörterbox. → Seite 121
- Schreibe sie in einer Geheimschrift.
- Schreibe die Verben in der **Ich-**, **Du-** und **Er-Form**.
- Gestaltet gemeinsam ein ß-Wörter-Plakat.

4 Schreibe Sätze mit ß-Wörtern. Wie viele findest du? Kontrolliere mit dem Detektivstift → Seite 5

5 Schreibe die Geschichte vollständig. Setze die Wörter vom Rand ein. Achtung: Einige Wörter musst du verändern.

draußen fließen Straßenrand abreißen schließlich weiß Strauß gießen vorsichtig süß groß

*Blumen für Mutter*

** ist es schön. Fabian und seine * Schwester Sara gehen * am * entlang. Sara ruft: „Wo der Bach *, gibt es schöne * Blumen. Wir dürfen aber nicht zu viele *!" * gehen sie mit einem kleinen * nach Hause. Mutter * Wasser zu den Blumen und gibt jedem Kind * Waffeln.*

**Üben und merken!**

Ich übe die Wörter und merke sie mir, besondere Stellen sage ich dir: Straße mit ß.





AH Seite 47, 48

## Sehenswürdigkeiten

Würzburg

Augsburg

München

Nürnberg

Regensburg

1 Welche Sehenswürdigkeiten erkennst du? In welchen Städten sind sie?

Residenz

Kaiserburg

Steinerne Brücke

Frauenkirche

Fuggerei

2 ICH Auch dort, wo du wohnst, gibt es Interessantes anzuschauen. Überlege, schreibe dir Stichpunkte auf.
DU + ICH Vergleicht und begründet unterschiedliche Stichpunkte: … ist interessant, denn …, …finde ich beeindruckend, weil …

3 WIR Stellt eure Ergebnisse in der Gruppe vor. Einigt euch auf Orte oder Dinge in eurer Umgebung, die ihr sehenswert findet. Bereitet einen Vortrag vor. Sammelt Bilder oder macht Fotos von diesen Sehenswürdigkeiten. Ihr könnt die Fotos ausdrucken.

4 Wo könnt ihr Informationen erhalten? Ordnet Stichpunkte auf Karteikarten.

Wann wurde … gebaut?
Von wem …?
Was war … früher?
Wie entstand … ?
Wer hat früher dort gelebt? …

5 Übt euren Vortrag vorab in der Gruppe. Ein Kind trägt vor, die anderen unterstützen, indem sie zum Beispiel Fotos und Gegenstände zeigen. Beurteilt euch. Hat das Kind
- die anderen angeschaut?
- kurze Sätze verwendet?
- laut und deutlich gesprochen?
- Pausen beim Sprechen gemacht?
- eine lockere Körperhaltung eingenommen?

Vortrag → S. 123/3

## Wir diskutieren

1 Auf ihrem Flohmarkt haben die Kinder der Klasse 3 a über 100 Euro eingenommen. Wofür sollten sie das Geld verwenden? Lies und begründe deine Meinung.

2 Gruppenarbeit: Kinder, die die gleiche Entscheidung getroffen haben, sammeln Informationen, damit sie ihren Standpunkt gut begründen können: Zeitung, Internet, …
Schreibt mindestens fünf vollständige Sätze.

Ich möchte für das Tierheim spenden, weil …
Wir sollten … , denn …
Es gibt zu viele heimatlose Tiere, darum …
Ich entscheide mich für … , denn …
… im Freien austoben … Ich würde lieber …, weil …
Wir machen zu wenig Sport, deshalb …

3 Führe eine Diskussion mit einem Kind aus der anderen Gruppe. Zuerst stellt jedes Kind seinen Standpunkt dar. Einigt euch auf eine Redezeit.

Gesprächsregeln  S. 7

4 Danach beginnt die eigentliche Diskussion.
Dabei ist es hilfreich, wenn du Argumente des anderen Kindes aufgreifst.

Ich verstehe deine Meinung, aber nicht jeder mag …
Was du sagst, ist richtig, trotzdem meine ich, …
Ich bin anderer Meinung, weil …
Ich verstehe dich nicht, weil …

5 Nun tauscht die Rollen. Jedes Kind vertritt die Position des anderen. Zum Schluss: Bleibst du bei deiner Meinung – oder haben dich bessere Argumente überzeugt?

## Brief an die Eltern

1 Die Kinder haben entschieden, in den Hochseilgarten zu fahren. Aber ihr Geld reicht nicht. In einem Brief bitten sie die Eltern um Unterstützung. Beurteile diesen Brief.

> Wir wollen mit unserer Klasse
> in den Hochseilgarten fahren.
> Wir brauchen Geld.
> Viele Grüße von den Kindern der Klasse 3 a

2 Zu einem Brief gehören Grußformen: Anrede und Schluss. Sammelt verschiedene Grußformen. Ordnet wie am Rand.

**Anrede:**
Liebe, …

**Schluss:**
Viele Grüße, …

3 Was fällt dir bei diesem Brief auf? Vervollständige ihn.

> Liebe Eltern,
>
> wir haben uns entschieden, mit unserer Klasse in den Hochseilgarten zu fahren. Dafür haben wir gute Argumente: …
> Wir haben bereits einen Flohmarkt veranstaltet.
> Leider reichen unsere Einnahmen nicht.
> Uns fehlen 150 Euro.
> Es wäre schön, wenn ihr …
>
> Wir freuen uns auf eure Antwort.
>
> Viele Grüße, die Klasse 3 a

Unterwegs zu guten Briefen!

Zu einem **Brief** gehören eine **Anrede** und ein **Schluss**.

Nach der Anrede steht ein Komma.
Wir beginnen mit einer neuen Zeile.

4 Was würdest du mit deiner Klasse gerne unternehmen?
Zoo, Schwimmbad, Wanderung, Kino …
Schreibe einen Brief wie in Aufgabe 3. Begründe deine Wahl. Wie kannst du den Brief ansprechend gestalten?

5 Textwanderung → Seite 129/4
Achtet auf Anrede und Schluss. Sprecht auch über die unterschiedlichen Vorschläge.

Textekartei  S. 127

## In der Stadt, da tut sich was!

1. Was tun die Menschen? Schreibe drei Aussagesätze und kreise die Satzglieder ein.

| 1. | 2. | 3. |
|---|---|---|
| Die Brüder | spielen | Karten. |
| Karten | spielen | … |

2. Stelle die Satzglieder um. Bilde neue Aussagesätze.

3. Kreise in allen Sätzen die Satzglieder ein.
Nummeriere sie.
Was fällt dir auf?

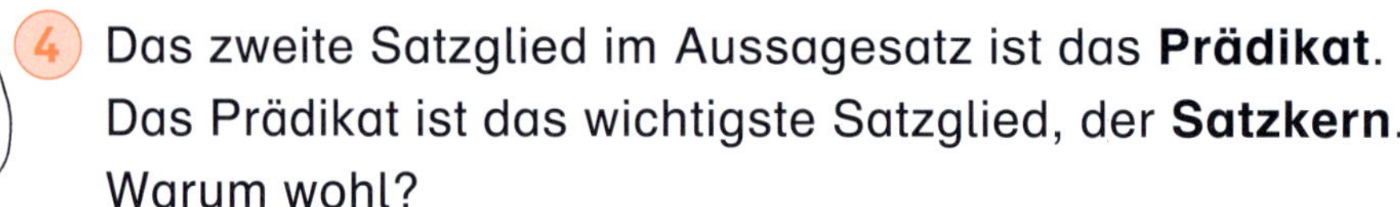

4. Das zweite Satzglied im Aussagesatz ist das **Prädikat**.
Das Prädikat ist das wichtigste Satzglied, der **Satzkern**.
Warum wohl?

5. Um welche Wortart handelt es sich beim Prädikat?

ich Wie fragst du danach? 

6. a) Schreibe die Sätze ab. Kreise die Satzglieder ein.

Der Radfahrer fährt auf dem Radweg.

Ein Lieferwagen parkt vor dem Geschäft am Bahnhof.

Ein Maurer arbeitet auf der Baustelle beim Rathaus.

Ein Bus bremst an der Ampel.

b) Stelle jeden Satz um, bilde einen neuen Aussagesatz.
Unterstreiche in **allen** Sätzen das Prädikat.

Auf die Frage
„**Was tut jemand?**“
oder
„Was geschieht?“
antwortet das **Prädikat.**

Das Prädikat ist
der **Satzkern**.
Das Prädikat ist
ein **Verb**.



AH Seite 50, 52

7 Schreibe zu dem Bild Aussagesätze. Kreise die Satzglieder ein. Unterstreiche Subjekt und Prädikat unterschiedlich.

Subjekt → Seite 78

8 Am Rand siehst du Verben, die du anstelle des Prädikats „stehen“ einsetzen kannst. **Ersetze** in deinen Sätzen „stehen“ durch die neuen Prädikate.
Das nennen wir **Ersatzprobe**. Lies deine Sätze vor.

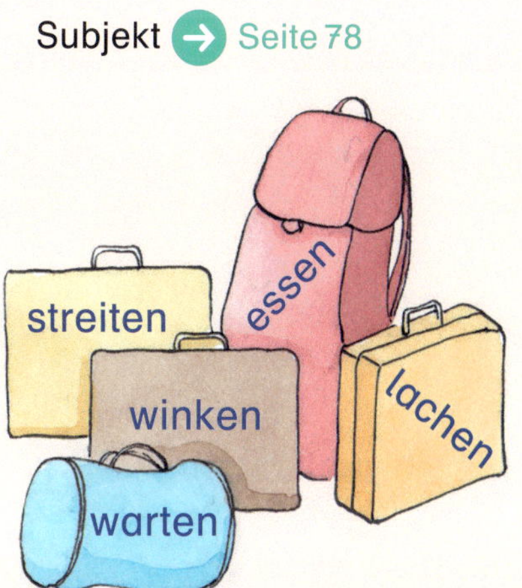


9 Verbessere diese Sätze. Ersetze das Prädikat durch ein anderes treffendes Verb. Schlag nach auf → Seite 126/4 e.

Die Busfahrerin spricht mit der Lehrerin.
Die Schulkinder gehen zum Bus.
Die Kinder sprechen in der Mensa über das Essen.
Der Bauarbeiter macht ein Loch in die Wand.
Herr Müller macht den Kiosk auf.
Schulkinder gehen um die Ecke.
Ein Maler macht die Mauer weiß.

10 Was alles weißt du über Prädikate? Finde mindestens vier Stichpunkte für dein Lerntagebuch.

11 Welches Verb passt nicht? Es gibt verschiedene Möglichkeiten. Begründe deine Entscheidung.

helfen – handeln – schlafen – hören
verhandeln – aufschreiben – erarbeiten – bestellen



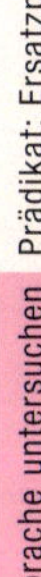

**Wörterschule**

Bahn*
bohren*
fahren
führen*
Gefahr*
Lehrer*
Vorfahrt*
während*
zehn

## Wörter mit Dehnungs-h

1 Was ist auf dem Bild gefährlich?

2 In jedem Wort aus der Wörterschule findest du einen Buchstaben, den du nicht hörst. Schreibe die Wörter. Markiere diesen Buchstaben gelb.

Sprich dazu so:
bohren schreibe ich mit oh.
fahren …

3 Zeichne eine Tabelle und ordne so:

| -ah- -äh- | -eh- | -oh- -öh- | -uh- -üh- |
|---|---|---|---|
| | | | |

4 DU + ICH Sammelt weitere Wörter für die Tabelle. Eure Wörterliste ab Seite 130 oder ein Wörterbuch helfen.

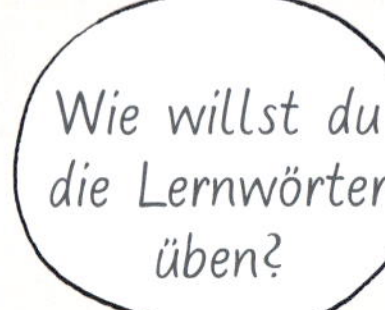


5 Setze Nomen zusammen. Schreibe so:
die Bahn – der Hof: der Bahnhof, …

Bei manchen Wörtern kann ich -h- nicht hören.

**Ich merke es mir so:**
Bahn …
schreibe ich mit **ah**.

bohren …
schreibe ich mit **oh**.

**Für Rechtschreibexperten**

1 In dem Text sind 13 Fehler. Wie viele findest du wohl? Schätze und schreibe dir die Zahl auf.

Ein Erlebnis mit Vater
Mein Vater ist Lastwagen Fahrer.
Gestern fuhr ich mit ihm zur Baustelle.
Vater liept seinen beruf. glücklich
steuerte er seinen neuen Lastwagen.
Auf den LKW hatte er einen haufen
Sant aufgeladn. an einer gefehrlichen
straße bogn wir ab. Vater legte
den Schalter für die Ladefleche um.
Ich sah, wie die Sand Ladung auf
die nasse Erde fiel.
Plötzlich …

2 Finde die Fehler mithilfe des Detektivstifts → Seite 5.
Du kannst auch in einem Wörterbuch nachschlagen.

**1. Rechtschreib-Trick: Sil-ben spre-chen!**
Wo fehlen Buchstaben? Schreibe die Wörter (2) richtig auf.

**2. Rechtschreib-Trick: An Regeln denken!**

a) Auf die Plätze, fertig, los – Satzanfänge schreibt man groß! Schreibe die vollständigen Sätze (2).

b) Merk dir bloß: Nomen schreibt man groß. Schreibe die Nomen mit Artikel (3).

c) Verlängere ich das Wort, weiß ich die Schreibung sofort. Schreibe kurzes und langes Wort (2) richtig auf.

d) Zusammengesetzte Nomen: ein Ding – ein Wort Schreibe die Nomen (2) mit Artikel auf.

e) Zu Wörtern mit **ä**, das ist mir bekannt, sind Wörter mit **a** häufig verwandt. Schreibe Fehlerwort (2) und verwandtes Wort nebeneinander auf.

3 Wähle aus, was du tun willst:
- Male ein Bild zur Geschichte „Ein Erlebnis mit Vater“.
- Bilde zu jedem falsch geschriebenen Wort einen Satz.
- Schreibe die Geschichte ohne Fehler auf.
- Führe die Geschichte fort.

AH Seite 51, 52

Nicolas Appert

## Die Erfindung der Konserve

Wir sind in Frankreich vor ungefähr 200 Jahren:

An einem trüben Oktobertag ging die Köchin Luise in den Keller, um Vorräte zu holen. „Schon wieder sind die Kartoffeln ausgewachsen! Und das Fleisch ist auch verdorben!“, schimpfte sie verärgert.
So ging es damals vielen Leuten. Die Menschen waren arm und dann verdarben ihnen auch noch ihre wenigen Vorräte.
Zu dieser Zeit gab es unter dem französischen Kaiser Napoleon viele Kriege. Seine riesigen Heere waren wochenlang unterwegs und sie schleppten große Mengen an Nahrung mit. Allzu oft aber erkrankten die Soldaten. Sie jammerten und klagten, weil ihre Lebensmittel über die langen Strecken verdorben waren.
Deshalb veranstaltete Napoleon einen Wettbewerb.
Sein Herold verkündete laut: „Wer es schafft, Lebensmittel haltbar zu machen, erhält als Preisgeld 12.000 Goldfranken.“
Die Frau des Bäckers Nicolas Appert stand gerade in ihrer Backstube, als eine Nachbarin ihr davon erzählte.
„Das holst du dir!“, rief sie ihrem Mann Nicolas zu. Tag und Nacht sann dieser nun nach. Eines Tages rief er seiner Frau aufgeregt zu: „Ich hab's! Schau mal, ich habe Fleisch gekocht und es in Glasflaschen luftdicht verschlossen.“
„Das ist alles?“, fragte sie ungläubig.
Ihr Mann antwortete: „So habe ich auch Gemüse konserviert und haltbar gemacht.“
Napoleons Seeleute testeten die Flaschen auf ihren langen Seefahrten und alle waren begeistert.
Der Inhalt blieb schmackhaft und er verdarb nicht.
So erhielt Nicolas Appert im Jahre 1810 das Preisgeld und Napoleon verlieh ihm den Ehrentitel „Wohltäter der Menschheit“.
Mit dem Geld eröffnete Appert eine Manufaktur, eine Fabrik, in der Lebensmittel haltbar gemacht wurden.

1 Ein Kind liest den Text langsam und deutlich vor. Schließe deine Augen und höre gut zu. Fasse anschließend den Text mit eigenen Worten zusammen.

2 Lenas Klasse möchte zu „Die Erfindung der Konserve“ ein Hörspiel entwickeln. Wie kann das gelingen?

3 In dem Hörspiel gibt es verschiedene Personen.
Bildet Gruppen. Schreibt alle Rollen auf: Köchin, …
Denkt auch an eine Erzählerin, einen Erzähler.
Sie lesen den Begleittext.

4 An zwei Stellen könnt ihr das Hörspiel mit zusätzlichen Rollen erweitern. Findet die Stellen im Text.

Soldat Christophe beklagt sich bei seinem Freund Stephane: „…“
Die Nachbarin, Madame Bertrand, informiert aufgeregt Madame Appert: „…“

5 Überlegt gemeinsam, was und wie ihr reden wollt.
Baut die Gespräche aus, lasst die Personen erzählen.
Jedes Kind schreibt seinen Text auf. Ihr könnt auch weitere Personen aufnehmen.

6 Versetze dich in deine Rolle. Wie musst du sprechen, um überzeugend zu wirken: ärgerlich, erstaunt, mürrisch, begeistert …

Denkt daran, dass die Geschichte vor 200 Jahren spielt.
Welche Wörter passen, welche nicht?

werte Frau Appert – cool – Eure Majestät – Euro …

7 Geräusche machen das Hörspiel interessanter.
Wo passen welche Geräusche?
Wie könnt ihr sie erzeugen?
Probiert aus, welche Geräusche ihr mit Gegenständen erzeugen könnt. Am Rand findet ihr Vorschläge.

8 Nehmt das Hörspiel mit passenden Geräuschen auf.
Sprecht eure Texte langsam, gut betont und deutlich.

9 Hört eure Aufnahme gemeinsam an.
- Was hat euch besonders gefallen?
- Haben die Kinder überzeugend gesprochen?
- Wurden die Geräusche gut eingesetzt?

an die Tür klopfen

Regen

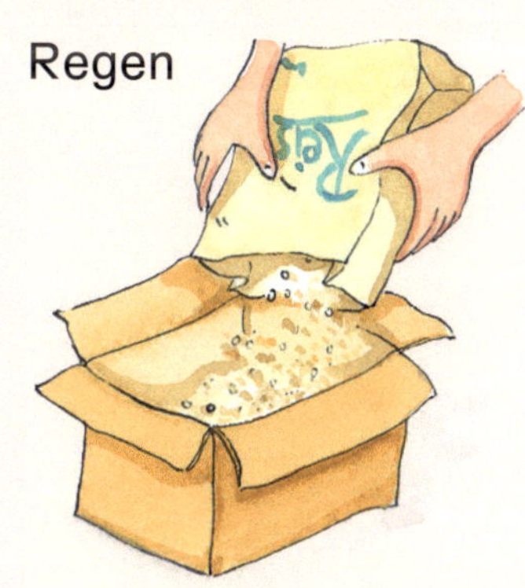

Meer

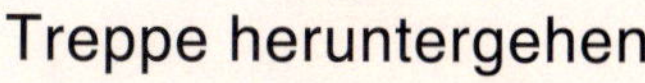

Treppe heruntergehen

Tür knarrt

## Lustige Erfindungen

1 Manche Menschen erfinden ungewöhnliche Dinge.
Beschreibe.

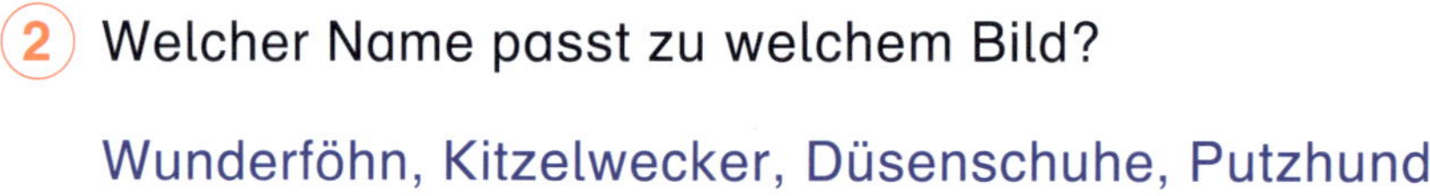

2 Welcher Name passt zu welchem Bild?

Wunderföhn, Kitzelwecker, Düsenschuhe, Putzhund

3 Wozu sind die Erfindungen aus Aufgabe 1 nützlich?
Beschreibe sie so, dass jeder sie gerne haben möchte.

Ein Putzhund ist ein praktisches Haustier.
An seinen Pfoten sind Putzlappen. Während der Hund umherläuft, putzt er die Wohnung. So spart man sich das lästige Wischen der Fußböden. Der Putzhund hilft im Haushalt und zugleich kann man ihn streicheln und mit ihm spielen. So einen Putzhund möchte bestimmt jeder haben!

4 Wie könnten die folgenden Erfindungen aussehen? Wozu nützen sie? Überlegt gemeinsam. Beachtet eure Gesprächsregeln. → Seite 7

Langeweilevertreibungsapparat
Versöhnungsautomat
Wutfresser
Wunderstift
Nasenbohrmaschine
Fleckschutzhemd

5 Überlege dir eine eigene Erfindung oder wähle eine aus Aufgabe 4 aus. Beschreibe die Erfindung wie in Aufgabe 3. Zeichne dazu eine Skizze.

## Der Traum vom Fliegen

Schon immer wollten die Menschen etwas erfinden, um fliegen zu können. Eine Sage aus dem alten Griechenland berichtet von Dädalus und seinem Sohn Ikarus. Die beiden bauten sich Flügel aus Federn und Wachs. Sie wollten von der Insel Kreta wegfliegen und das weite Meer überfliegen. Bei ihrer Flugreise kam Ikarus jedoch der Sonne zu nahe. Das Wachs schmolz. Er raste flügellos im Sturzflug zur Erde und verunglückte.

1. Ein Kind liest den Text deutlich vor. Höre so zu, dass du genau nacherzählen kannst, was Ikarus erlebte.

2. Welche Wörter (8) in der Geschichte gehören zu einer Familie? Wie heißt diese Familie?

3. Schreibe die Wörter der Wortfamilie fliegen. Umrahme in jedem Wort den Wortstamm. Was fällt dir auf?

4. Ordne die Wortfamilien (4).
Umrahme den Wortstamm.

   hoffen, käuflich, schützen, der Riss, der Schutz, reißen, die Verkäuferin, die Hoffnung, rissig, einkaufen, hoffentlich, beschützen

   Suche zu jeder Wortfamilie weitere Wörter.
   Wo kannst du nachschlagen?

5. Der Wortstamm hilft dir, Wörter einer Wortfamilie richtig zu schreiben. Erkläre, warum:

   [fahr]en – er fährt        [lauf]en – der Läufer

   Sucht weitere Beispiele. Die Seiten 26 und 72 helfen dabei.

6. Schreibe die Sätze vollständig auf: Flugzeug – zugeflogen – Flugsaurier – Ausflug – Fliegenpilz.

   Die Kinder machen einen ___ in den Tierpark.
   Der kleinen Nesrim ist ein Wellensittich ___.
   Hasan darf mit einem großen ___ nach Mallorca fliegen.
   Im Wald finden die Kinder einen prachtvollen ___.
   Im Museum bestaunt Lara einen ___.

fliegen
fliegen
fliegen
fliegen
fliegen
fliegen
fliegen
fliegen
fliegen

Ernst Jandl



AH Seite 56

## Erfindungen im Wörterlabor

1 Bibu **setzt** Wörter **zusammen**. Was geschieht? Wie nennen wir solche Adjektive?

2 **rot – feuerrot**
Mit welchem Adjektiv kannst du dir die Farbe genauer vorstellen? Warum?
Schreibe so: feuerrot – rot wie Feuer, grasgrün – …

3 Jedes der vier Adjektive ist aus zwei verschiedenen Wortarten zusammengesetzt. Unterstreiche die zwei Wortarten mit verschiedenen Farben.
Achte auf den letzten Wortteil: Warum sind die zusammengesetzten Wörter Adjektive? Erkläre.

4 Wie kannst du zusammengesetzte Adjektive nachschlagen? Erkläre mithilfe deiner Wörterliste.

5 Am Rand siehst du zusammengesetzte Adjektive. Welche sind aus einem Nomen und einem Adjektiv zusammengesetzt? Schreibe nur diese Wörter in der vorgegebenen Reihenfolge auf. Die fett gedruckten Buchstaben nennen dir ein Lösungswort.
Beispiel: zuckersüß: der Zucker, süß

6 Aus welchen Wortarten sind die restlichen Adjektive zusammengesetzt? Schreibe sie auf wie in Aufgabe 5. Wie lautet das Lösungswort?

zuc**k**ersüß
du**n**kelgrün
süßs**a**uer
r**i**esengroß
lupe**n**rein
taub**st**umm
wun**d**erschön
tief**s**chwarz
bitter**k**alt
umw**e**ltfreundlich
feuchtw**a**rm
butte**r**weich
b**l**itzschnell
he**ll**grau
schneewe**i**ß
pe**ch**schwarz
ros**t**frei
bi**tt**erböse

Wie?
Mit **zusammengesetzten Adjektiven** können wir **genau** und **ausdrucksvoll** beschreiben.



AH Seite 54

## Wörter mit ck

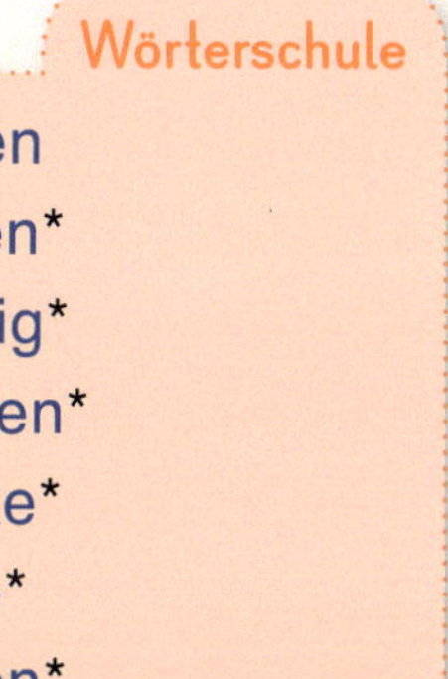

**Wörterschule**

backen
blicken*
dreckig*
drucken*
Glocke*
Jacke*
packen*
trocken*

1. Cornelius hat eine Software [sprich: Softwär] entwickelt, die bestimmte Buchstaben hervorhebt. Schreibe die Wörter so auf, wie sie auf dem Monitor zu sehen sind.

2. Sprich die Wörter aus Aufgabe 1 deutlich. Achte dabei auf den Vokal vor ck. Wie sprichst du diesen Vokal?

   **Langer Vokal:** Male einen **Strich** darunter.
   **Kurzer Vokal:** Male einen **Punkt** darunter.

   Was stellst du fest? Erkläre und nenne weitere Beispiele.

3. Trenne die Wörter aus der Wörterschule. Klatsche oder stampfe zu jeder Silbe. Markiere ck gelb. Betrachte die Silben. Wo steht ck? Findest du auch andere Trennungen?

4. Suche zu jedem Wortstamm mindestens drei verwandte Wörter. druck dreck blick trock

5. Finde Reimwörter.

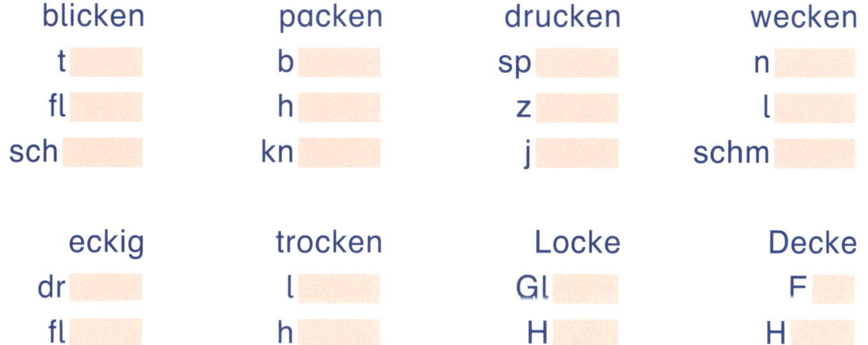

| blicken | packen | drucken | wecken |
|---|---|---|---|
| t | b | sp | n |
| fl | h | z | l |
| sch | kn | j | schm |

| eckig | trocken | Locke | Decke |
|---|---|---|---|
| dr | l | Gl | F |
| fl | h | H | H |

6. Schreibe eine ck-Geschichte. Sie kann lustig oder auch unsinnig sein. Es sollen viele Wörter mit ck darin vorkommen. Tipp: In Aufgabe 5 findest du viele Wörter.

Sprich so:
ba-cken, bli-cken.

Wir schreiben den K-Laut nach einem kurzen Vokal oft so: ck.



AH Seite 53, 54

## Wörterschule

Akku*
Chef*
Handy
Information*
Reparatur*
Skizze
Smartphone*
Stick*

## Fremde Wörter?

1. Was weißt du über Fremdwörter?
   … kommen aus … … Sprache.
   Ich spreche …, aber ich schreibe …

2. Erkläre die Fremdwörter aus der Wörterschule.
   Die Bilder helfen dir.

  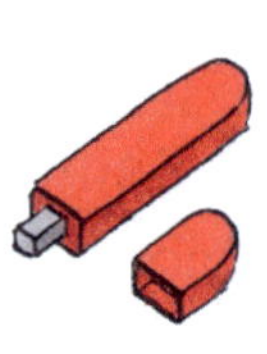 

3. Schreibe die Einzahl und die Mehrzahl. Markiere die Stellen gelb, die du dir merken willst.
   Sticks, Teams, Shows, Informationen, Reparaturen, Handys, Chefs, Batterien, Smartphones, Comics

   Schreibe so: der Stick – die Sticks, das Team – die …

4. Schreibe die Sätze vollständig auf.

   Ein ___ ist ein Stromspender ohne Steckdose.
   Nach einer ___ ist das Gerät wieder in Ordnung.
   Eine ___ ist ein einfaches Bild, das einen Vorgang erklärt.
   Der ___ leitet eine Gruppe Menschen in einem Betrieb.
   Das ___ ist ein Telefon ohne Kabel.
   Auf einem ___ kann ich Texte, Bilder und Musik speichern.
   Eine Auskunft nennt man ___.

5. Setze die passenden Fremdwörter ein.
   Ein neues 
   Mutters ___ ist kaputt. Eine  lohnt nicht mehr.
   Mutter kauft ein . Zu Hause liest sie am 
   die ___ im Handbuch. Eine ___ zeigt, wie man am
   ___ den Deckel öffnet und den ___ einsetzt. Mutter lädt
   das Handbuch auf einen  und nimmt diesen mit zur 
   Arbeit. Dort bittet sie ihren , das Handbuch ausdrucken
   zu dürfen. Sie gibt dafür Geld in eine Kasse.

In Fremdwörtern werden Buchstaben oft anders gesprochen als geschrieben: Handy.



AH Seite 55, 56

1 Schreibe den Satz auf und kreise die Satzglieder ein.
Stelle sie um. Bilde zwei neue Aussagesätze.

Otto Lilienthal erfand im Jahre 1894 das erste Gleitflugzeug.

2 Schreibe die Sätze, setze **ck** oder **K/k** richtig ein.

Ich habe Lust auf ein Stü ? ? uchen,

und will auch gleich mein Glü ? versuchen.

Nehm aus dem Schran ? erst Quar ? und Zucker,

darauf gebe ich ein Stü ? chen Butter.

Muss eine Pa ? ung Nüsse ha ? en,

danach den Teig im Ofen ba ? en.

Jetzt stelle ich den We ? er mir,

der le ? re Kuchen schme ? t auch dir.

3 Schreibe die Wörter auf. Kreise die Wortbausteine ein.
Achtung: Nicht in jedem Wort gibt es eine Vor- und Nachsilbe.
Beispiel: unfreundlich

verboten, sparsam, Krankheit, windig, vorsichtig, wortlos

4 Setze **ss** oder **ß** ein.
drau ? en  Schlu ?  Stra ? e  kü ? en  sü ?  Flu ?

5 Berichtige nur die falsch geschriebenen Wörter.

Emma telefonirt mit irem Fater auf dem Handi.

6 Wie sind diese Adjektive zusammengesetzt?
Beispiel: butterweich: die Butter, weich

zitronengelb, federleicht, eiskalt, haushoch

7 Schreibe die Sätze. Unterstreiche Subjekt und Prädikat
mit verschiedenen Farben.

Auf dem Schulhof verkaufen Kinder Bücher und Spielsachen.
Den Erlös spenden sie dem Tierheim.

Wiederholen

AH Seite 57, 58

# ④ Überprüfen und üben

Hier findest du die Lösungen zu Seite 95.

→ S. 70
S. 71

**1** Schreibe den Satz auf und kreise die Satzglieder ein.
Stelle sie um. Bilde zwei neue Aussagesätze.

Otto Lilienthal | erfand | im Jahre 1894 | das erste Gleitflugzeug.
Im Jahre 1894 | erfand | Otto Lilienthal | das erste Gleitflugzeug.
Das erste Gleitflugzeug | erfand | Otto Lilienthal | im Jahre 1894.
Otto Lilienthal | erfand | das erste Gleitflugzeug | im Jahre 1894.
erfand | im Jahre 1894 | das erste Gleitflugzeug | Otto Lilienthal.
Das erste Gleitflugzeug | erfand | im Jahre 1894 | Otto Lilienthal.

→ S. 93

**2** Schreibe die Sätze, setze ck oder K/k richtig ein.

Ich habe Lust auf ein Stü**ck** **K**uchen,
und will auch gleich mein Glü**ck** versuchen.
Nehm aus dem Schran**k** erst Quar**k** und Zucker,
darauf gebe ich ein Stü**ck**chen Butter.
Muss eine Pa**ck**ung Nüsse ha**ck**en, danach den Teig im Ofen ba**ck**en.
Jetzt stelle ich den We**ck**er mir, der le**ck**re **K**uchen schme**ck**t auch dir.

→ S. 47
S. 79

**3** Schreibe die Wörter auf. Kreise die Wortbausteine ein.
Achtung: Nicht in jedem Wort gibt es eine Vor- und Nachsilbe.

(ver)bot(en), spar(sam), Krank(heit), wind(ig), (vor)sicht(ig), wort(los)

→ S. 80

**4** Setze ss oder ß ein.

drau**ß**en Schlu**ss** Stra**ß**e Kü**ss**e sü**ß** Flu**ss**

→ S. 94

**5** Berichtige nur die falsch geschriebenen Wörter.

telefoniert, ihrem, Vater, Handy

→ S. 92

**6** Wie sind diese Adjektive zusammengesetzt?

zitronengelb: die Zitrone, gelb
eiskalt: das Eis, kalt
federleicht: die Feder, leicht
haushoch: das Haus, hoch

→ S. 77
S. 78
S. 85

**7** Schreibe die Sätze. Unterstreiche Subjekt und Prädikat mit verschiedenen Farben.

Auf dem Schulhof <u>verkaufen</u> <u>Kinder</u> Bücher und Spielsachen.
Den Erlös <u>spenden</u> <u>sie</u> dem Tierheim.

Bist du mit deinem Ergebnis zufrieden?
Male zu jeder Aufgabe passend: ☺ 😐 ☹

😐 ☹ Wie willst du üben?
Sprich auch mit deiner Lehrerin, deinem Lehrer.

## Planeten

1 Um unsere Sonne kreisen Himmelskörper. Wir nennen sie Planeten. Was weißt du darüber?

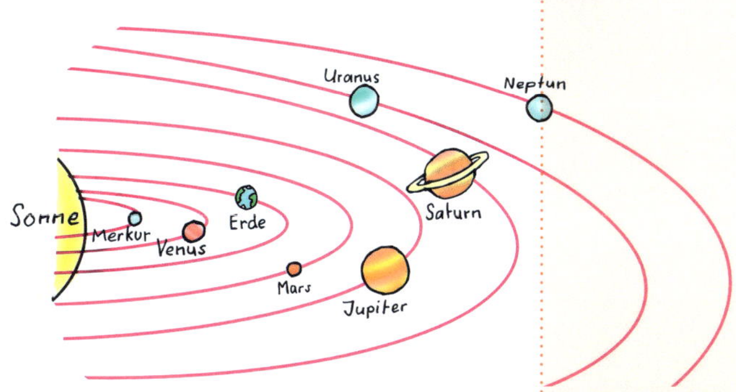


2 Luisa hält einen Vortrag über den Planeten Saturn. Ergänze die Sätze mithilfe der Karte am Rand.

Der Planet
Saturn hat seinen Namen von …
Er ist ungefähr … groß wie …
Auf ihm herrschen Temperaturen von …
Das Besondere an diesem Planeten sind …
Ein Tag auf dem Saturn dauert …

**Saturn**
Name: römischer Gott des Ackerbaus
Größe: 10-mal so groß wie die Erde
Temperaturen: etwa -140 Grad Celsius
Besonderheiten: Ringe aus Felsbrocken und Eis
ein Tag: 10 Stunden

3 Andere Kinder äußern sich zu Luisas Vortrag. Worauf sollten sie achten? → Seite 123/3
Wähle richtig aus und finde weitere Stichpunkte.

lockere Körperhaltung – schöner Pulli – Klasse anschauen – frei sprechen – sinnvolle Pausen – passende Verben – neue Schuhe – Abbildungen

4 Berichte über den Mars.
Andere Kinder beurteilen deinen Vortrag.

**Mars**
Name: röm. Kriegsgott
Größe: halb so groß wie die Erde
Temperaturen: etwa -55 Grad Celsius
Besonderheiten: Oberfläche mit rötlichem Staub bedeckt, an den Polen Eis
ein Tag: 24 Stunden 39 Minuten

5 Gustav Holst beschreibt in seiner Musik „The Planets“ die Reise einer Rakete durch das Weltall. Die erste Station ist der Planet Mars. Suche nach Hörproben im Internet.

### Im Weltraum

Der Russe Jurij Gagarin flog als erster Mensch am 12. April 1961 in den Weltraum. Mit seinem Raumschiff Wostock 1 umrundete er in 108 Minuten die Erde. Schließe deine Augen und begib dich mit ihm auf Weltraumfahrt.

1 Wie fühlte sich Gagarin wohl, als er mit seiner Rakete durch das Weltall sauste? Was dachte er? Sprich darüber in der Gruppe. Schreibt Stichpunkte in Denkblasen.

2 Was berichtete Gagarin über seinen Flug? Beschreibe auch seine Gefühle mit deinen Worten.

Die Erde erfreute das Auge durch eine bunte Farbenpalette.

In innerer Erregung blickte ich mich um. Durch die Sehschlitze sah ich die Sterne klar und kalt wie Diamanten schimmern.

3 Versuche, die folgenden Ausdrücke zu spielen. Zeige dabei deine Gefühle deutlich.

sprachlos sein, aus allen Wolken fallen, verblüfft sein, Mund und Augen aufsperren, nicht fassen können, ungläubig den Kopf schütteln, neugierig die Augen aufreißen, die Knie zittern, der Mund bleibt offen stehen, vor Staunen fallen die Augen aus dem Kopf

„Ich werde verrückt!“, „Das ist ja wunderschön!“, „Hilfe!“, „Das kann doch nicht wahr sein!“, „Oh Schreck!“, „Das ist ja nicht zu glauben!“

4 Stell dir vor, du darfst in Gagarins Raumschiff mitfliegen. Was fühlst du? Was denkst du? Finde für deine Gefühle viele treffende Beschreibungen und Ausrufe. Schreibe auf.

5 Was kannst du von der Rakete aus sehen?
Was kannst du aus großer Höhe nicht sehen?

6 Erzähle anschaulich und spannend, was du auf deiner Weltraumreise erlebst. Verwende auch abwechslungsreiche, passende Adjektive:

hoch, glitzernd, winzig, klein, kahl, funkelnd, weit, kalt, dunkelblau, eng, tief, unheimlich, totenstill, wunderschön, einzigartig, rasant, schwindlig, blitzschnell, nachtschwarz …

7 Schreibe deine Erlebnisse auf. Finde eine interessante Überschrift.

8 Expertengruppe Seite 128/2
Achtet besonders auf treffende Adjektive und Ausdrücke für Gefühle und Gedanken.

9 Überarbeite deine Geschichte.
Die Anregungen der anderen Kinder helfen dir.
Übe fehlerhafte Wörter mit der Wörterbox Seite 121.

**Das macht deine Geschichte lebendig:**

- Verwende treffende **Adjektive**.
- Beschreibe **Gefühle** ganz genau.

Textekartei  S. 125/4 c, d

## Die Kinder feiern

Satzglieder → S. 70

1 Der Satz auf dem Band ist zu lang. Die Kinder sollen ihn kürzen. Du weißt: Ein Satz besteht aus Satzgliedern. Wie viele Satzglieder hat der Satz in der Zeichnung?

2 Schreibe den Satz auf einen langen Streifen. Kreise die Satzglieder (5) ein.

3 Verkürze den Satz. Schneide dazu ein Satzglied nach dem anderen ab. Wie viele Satzglieder bleiben übrig, wenn der Satz noch einen Sinn ergeben soll? Wie heißen diese Satzglieder? → Seite 78 und 84, 85

4 Schreibe die Sätze auf. Kreise alle Satzglieder ein. Streiche die Satzglieder durch, die du **weglassen** kannst. So machst du die **Weglassprobe**.

Alle Kinder essen zu Beginn Astronautenkekse.
Luisa zeichnet später ein Sternbild in ihr Heft.

Worüber?
Mit wem?
Wann?
Wo?
Wie lange?

5 Die folgenden Sätze sind sehr kurz. **Erweitere** sie, damit wir mehr über die Feier erfahren. Das ist die **Erweiterungsprobe**. Die Fragen am Rand helfen, weitere Satzglieder zu finden.

Der Leiter der Sternwarte spricht.
Die Kinder spielen.
Der Mond leuchtet.
Die Eltern warten.

Ein Satz besteht aus **Subjekt** und **Prädikat**.

Das **Prädikat** kann weitere Satzglieder verlangen.

6 DU + ICH WIR Vergleicht jeweils die beiden Sätze.

Lisa gibt. – Lisa lacht.
Goran holt. – Goran singt.

Welches Satzglied bestimmt, ob ein Satz noch weitere Satzglieder benötigt oder nicht? Sprecht darüber.

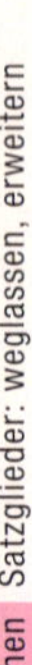

**Ein schöner Abend in der Sternwarte**

Die Sicht ist schön. Eva und Hasan stehen auf der Beobachtungsplattform. Begeistert betrachten sie den schönen Sternenhimmel. Sie sind fasziniert von der schönen Weite des Alls. Hasan geht schon sehr schön mit dem Fernrohr um. Er sucht den schönen Polarstern. Mit dessen Hilfe kann er sich schön orientieren. Am Ende liest der Leiter der Sternwarte aus dem schönen Buch „Geheimnisse am Sternenhimmel" vor.

1 Was fällt dir bei dem Text oben auf?

2 Welche anderen Wörter kannst du für schön verwenden? Wozu gehören Wörter, die eine ähnliche Bedeutung haben? → Seite 55
Verbessere den Text. Am Rand findest du Hilfe.

3 Finde zu jedem Bild drei treffende Wörter aus dem Wortfeld schön. Textekartei → Seite 125/4 d

Schreibe so:
Das Buch ist spannend. – das spannende Buch
Das Buch ist schwer. – das … Buch
Das Buch …

4 Lauter schöne Dinge! Was gefällt dir?
Verwende treffende Adjektive aus dem Wortfeld schön.
Schreibe so:
Das ist schön: ein herrliches Geschenk, eine …

5 Was magst du nicht? Denke an passende Adjektive.
Schreibe so:
Das ist nicht schön: ein bissiger Hund, eine …
Vergleicht, was ihr geschrieben habt. Sprecht darüber, was ihr schön und was ihr nicht so schön findet.

praktisch
herrlich
interessant
klar
prächtig
geschickt
gut
unendlich
schick
fantastisch
prachtvoll
witzig
hübsch
zauberhaft
himmlisch
elegant
großartig
majestätisch

## Wortbaustein -ung

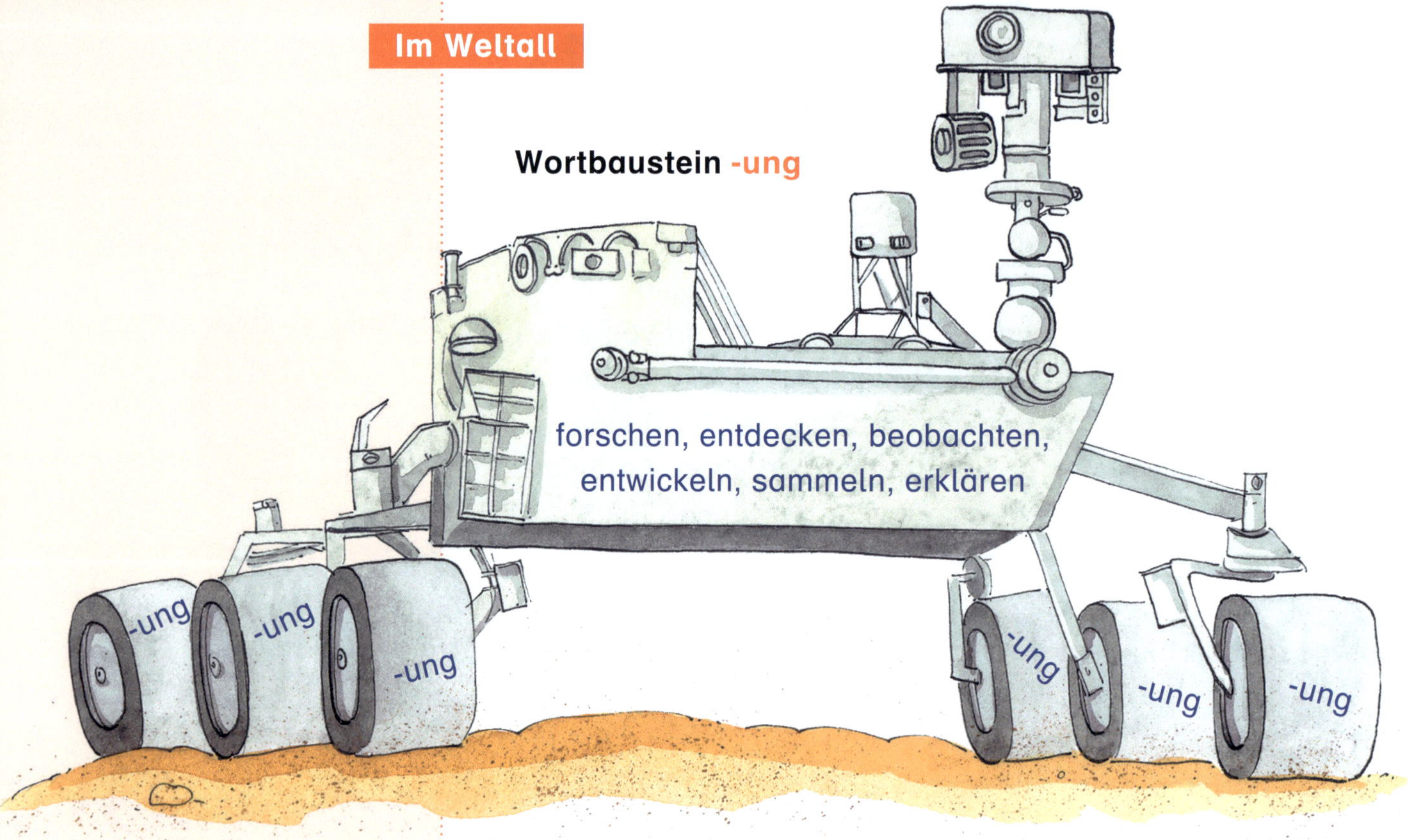

forschen, entdecken, beobachten, entwickeln, sammeln, erklären

-ung -ung -ung -ung -ung -ung

1 Welche Wortbausteine entdeckst du auf dem Roboter-Auto?

2 Verbinde den Wortbaustein **-ung** mit den Verben aus der Zeichnung. Was stellst du fest? → Seite 47

Schreibe und markiere so: forschen – die Forschung

Lesung, Überquerung, Drehung, Erwartung, Schließung, Sammlung, Verschmutzung, Änderung, Messung, Verletzung

3 Von welchen Verben sind die Nomen am Rand abgeleitet? Schreibe so: die Lesung – lesen

4 Setze passende Nomen ein. Markiere den Anfangsbuchstaben und den Wortbaustein **-ung** gelb.

„Curiosity“ ist ein Roboter-Auto. Seit seiner ___ (landen) auf dem Mars im August 2012 arbeitet er dort für die ___ (forschen). Seine ___ (steuern) erfolgt von der Erde aus. Der Roboter hat eine umfangreiche ___ (ausstatten). Er nimmt die ___ (untersuchen) von Felsen und Sand vor. Wissenschaftler haben die ___ (hoffen), auf dem Mars Spuren von Leben zu finden. Diese ___ (entdecken) wäre großartig.

Wörter mit dem Wortbaustein **-ung** sind **Nomen**.

5 Entdecke die Fehler (9). Schreibe alle Wörter richtig auf:

Ferwechslung, schalten, verpackung, Heitzung, Steigung, Beläuchtung, Erwartung, rechnen, rechnung, ziehen, Zieung, Verschmuzung, Erzählunk, lesung, Sitzung.



AH Seite 60

## Wörter mit x

**Wörterschule**

Taxi
Galaxie*
Text
Nixe*
Lexikon*
kraxeln*
Explosion*
mixen*

1. Sprich die Lernwörter deutlich in Sil-ben. Welchen besonderen Laut hörst du in jedem Wort?

2. Wie willst du die Wörter aus der Wörterschule ordnen? Schreibe und markiere x jeweils gelb.

   Sprich dazu: Explosion … schreibe ich mit x.

3. Bilde zusammengesetzte Nomen. Achtung: Manchmal brauchst du Fugenbuchstaben! → Seite 24

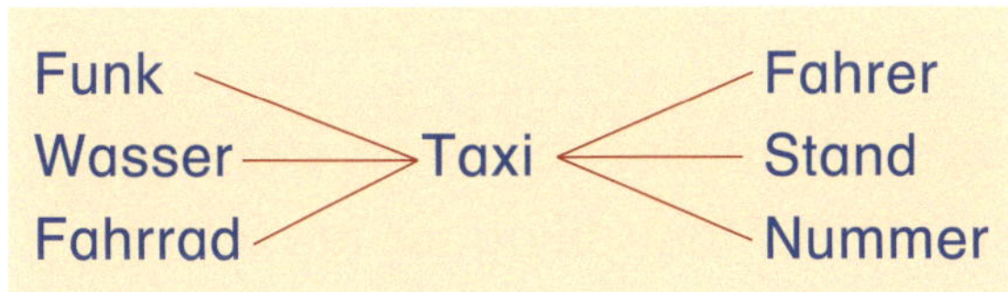
Funk, Wasser, Fahrrad → Taxi ← Fahrer, Stand, Nummer

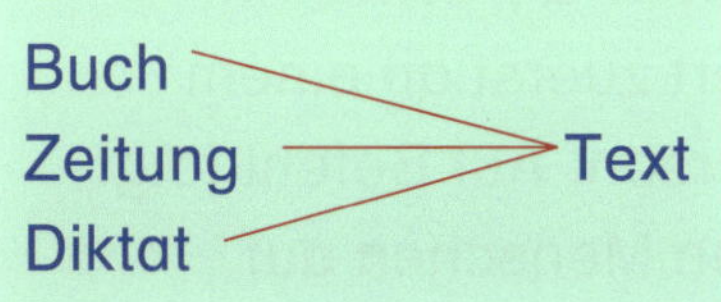
Buch, Zeitung, Diktat → Text

Tier, Pflanze, Kind → Lexikon

Schreibe so: der Funk, das Taxi – das Funktaxi

4. Finde die verwandten Wörter in der Wörterschule.

   explosiv, die Mixtur, die Kraxlerin, texten, die Taxifahrt, die Galaxien, die Lexika, nixenhaft

   Schreibe so: explosiv – die …

5. Entdecke die Fehler (8). Schreibe den Text richtig auf.

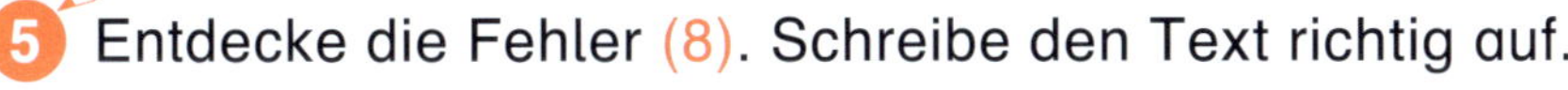

*Eine abenteuerliche unternehmung*

*Die kleine Hexe will in eine fremde Galatie reisen. Sie liest in ihrem Zauberleksikon. Dann mixt sie nach der Anweisunk im Text einen Zaubertrank. Auf einmal gibt es eine furchtbare Etplosion. Anstelle einer landung auf einem fremden Planeten kommt sie in einem großen Erdloch zu sich. Mühsam krakelt sie heraus. Oben wartet eine Überraschung: Kater Felix. Er bringt sie im Hexentazi nach Hause.*



AH Seite 59, 60

## Tiere als Detektive

1 Tiere können Menschen helfen. Was weißt du darüber?

2 Welchen Text verstehst du leichter? Warum?

Mantrailing
Beim Mantrailing nützt man den ausgeprägten Geruchssinn von Hunden, um nach vermissten Personen zu suchen. Hierfür wird dem Mantrailer ein Geruchsträger mit dem Individualgeruch des zu suchenden Menschen angeboten, an dem er sich bei seiner Suche orientiert.

Mantrailing
Der Begriff stammt aus dem Englischen: man – Mensch und to trail – verfolgen. Beim Mantrailing lernen Hunde, vermisste Menschen zu suchen.
Hunde haben einen ausgezeichneten Geruchssinn.
Ein Personensuchhund schnuppert zuerst an einem Kleidungsstück der gesuchten Person. Auf Befehl folgt er dann dem Geruch und spürt den Menschen auf.

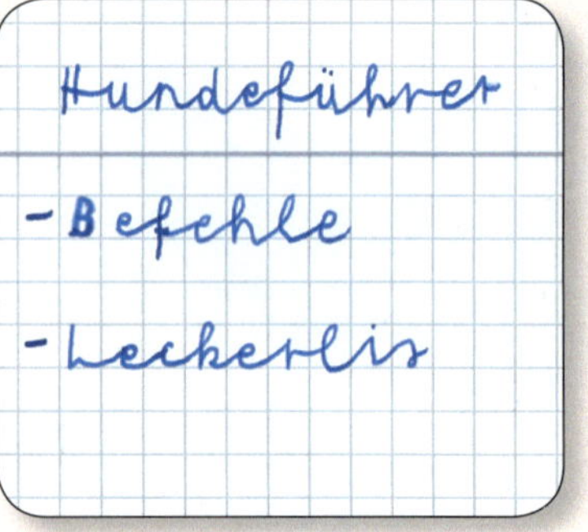


3 Was erfährst du hier? Lies und berichte.

Zum Mantrailing gehört die Ausbildung des Hundes und des Hundeführers. Mensch und Hund bilden ein Team. Der Mensch muss die Körpersprache seines Hundes verstehen, der Hund muss die Befehle befolgen. Zuerst lernt der Hund, seinen Hundeführer zu suchen. Später lernt er, die Spuren fremder Menschen zu verfolgen. Eine Belohnung (z. B. Leckerlis) ist dabei wichtig. Manchmal spitzt der Hund die Ohren oder er legt sich plötzlich nieder. Dann muss der Hundeführer wissen, was sein Hund ihm sagen will.

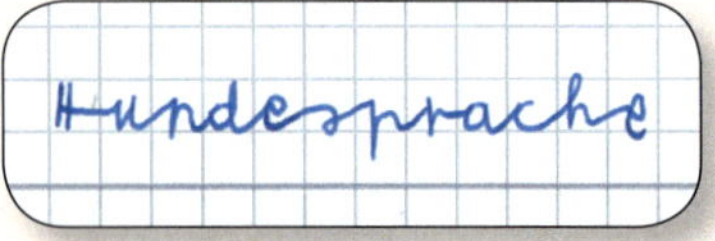


4 Werdet zu Experten für Mantrailing.
a) Schreibt Stichpunkte auf Karteikarten wie am Rand.
b) Sammelt W-Fragen:
Was machen Personensuchhunde?
Warum sind Hunde besonders geeignet? Wie …

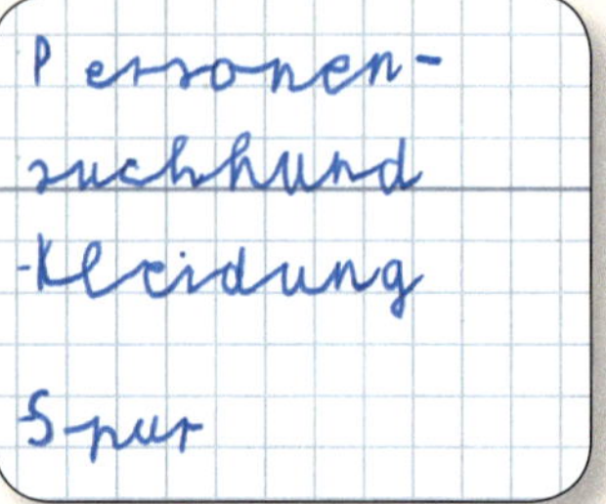


5 Interview: Ein Kind spielt Reporter. Es stellt Fragen an die Experten. Diese geben Auskunft über Mantrailing.

## Auch Detektive haben manchmal Angst

1 Kyrill blickte durch das Schlüsselloch.
Was könnte ihn ängstigen? Erzähle.

2 Wann hast du schon einmal Angst gehabt? Beschreibe möglichst anschaulich, was du dabei gefühlt hast.

3 DU + ICH Hier könnt ihr treffende Ausdrücke für Angst entdecken. Sicher findet ihr noch weitere. Sammelt **alle** Ausdrücke, die Angst beschreiben und schreibt sie auf.

| | |
|---|---|
| Ich bekam | es eiskalt den Rücken hinunter. |
| Mir rutschte | das Herz bis zum Hals. |
| Ich brachte | eine Gänsehaut. |
| Mir lief | vor Angst kein Wort heraus. |
| Ich bekam | das Herz in die Hose. |
| Mir schlug | weiche Knie. |

4 Kyrill standen die Haare zu Berge. Was könnte er jetzt tun?

5 Wirf einen Blick durch diese Schlüssellöcher. Versuche dich in jede Situation einzufühlen. Was spürst du? Finde jeweils einen passenden Ausdruck.

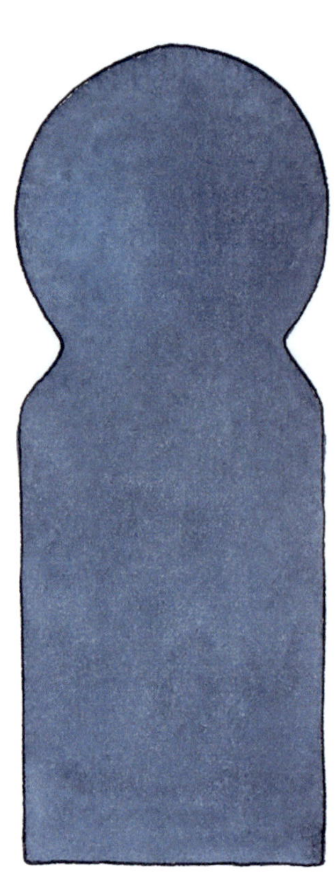

6 Entscheide dich für ein Schlüsselloch.
Schreibe deine Geschichte dazu. Gliedere sie in drei Absätze: Erzählsituation, Ereignis, Ausgang.
Wie du Angst anschaulich beschreiben kannst, hast du auf Seite 105 gelernt.

7 Randbemerkungen → Seite 129/3
Überarbeitet eure Texte so.

8 Zeichne auf ein liniertes Blatt in der Größe DIN-A4 ein großes Schlüsselloch.
Schreibe deine Geschichte in das Schlüsselloch.
Schneide es aus und klebe es auf schwarzes Tonpapier.
Hängt eure Schlüssellöcher im Klassenzimmer auf oder legt einen „Schlüsselloch-Ordner“ an.
Es ist spannend, darin zu lesen.

**Beschreibe Gefühle** ganz **genau**.

Verwende **treffende Ausdrücke** für Angst.

Textekartei  S. 125/4 c

## Verfolgungsjagd

1 Ganoven-Ede hat einen Juwelierladen überfallen. Kommissar Bärenschlau kommt zu spät. Was macht er nun?

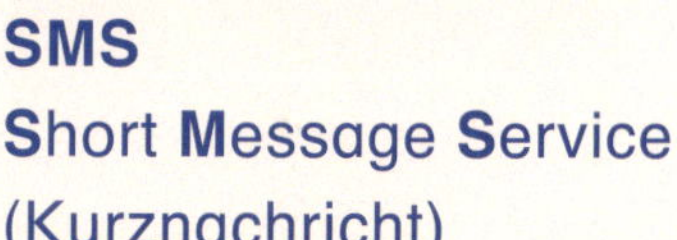

**SMS**
**S**hort **M**essage **S**ervice
(Kurznachricht)

2 Bärenschlau spricht seinem Assistenten eine SMS auf das Smartphone. Lies:

Ede geflüchtet
Schnellboot flussaufwärts unterwegs
Verfolgung aufnehmen!

3 Der Kommissar könnte seinen Assistenten anrufen anstatt ihm eine SMS zu schicken. Spielt das Telefongespräch. Was ist beim Telefonieren anders als bei einer SMS? Was dauert länger?

4 Später telefoniert der Assistent mit dem Kommissar:

*Stell dir vor,*
*ich habe Ede in seinem Versteck erwischt!*
*Er hatte den Koffer mit dem Schmuck bei sich.*
*Jetzt sitzt er in Handschellen bei mir im Auto.*
*Wir sind auf dem Weg zum Polizeipräsidium.*

Schreibe eine SMS: Verkürze das Gespräch.

5 Auf dem Polizeipräsidium bekommt Ede ein schlechtes Gewissen. Er ruft seine Mutter an. Spielt das Telefongespräch. Schreibe Edes Text als SMS.

## Endungen von Adjektiven

**Entdeckst du den Dieb?**
Am 12. Mai stahl ein Dieb aus einer Wohnung einen kostbaren Ring und eine Brosche. Die Brosche war wertlos, aber für die Besitzerin bedeutsam. Eine aufmerksame Nachbarin beobachtete einen sonderbaren Mann, der eilig aus dem Haus lief. Er trug einen rötlichen Hut und einen lilafarbigen Pulli. Die Fahndung blieb erfolglos. Die Aussagen der Zeugen waren widersprüchlich.

1 Finde im Text oben die Adjektive (10).
Schreibe die Grundform: kostbar, …

2 Zeichne eine Tabelle und sammle zu den Wortbausteinen Adjektive. Auch die Seite 79 hilft dir.

| -bar | -los | -sam | -ig | -lich |
|---|---|---|---|---|
| | | | | |

3 Finde zu jedem Adjektiv aus Aufgabe 1 viele verwandte Wörter. Am Rand findest du bereits einige.

Schreibe so: kostbar, kosten, köst…

- Wer findet die größte Wortfamilie?
- Du kannst deine Wortfamilien nach Wortarten ordnen: Nomen [Hand] [ddd] [MZ], Verb [ich], Adjektiv [Wie?], andere Wörter.
- Du kannst Sätze oder einen Text mit Wörtern aus deiner Lieblings-Wortfamilie schreiben.

merken, bedeuten, eilen, kosten, werten, Widerspruch, Erfolg, rot, besonders, widersprechen, Rotfuchs, bemerken, Eile, Sonderling, Bewertung, erfolgen, Bedeutung, köstlich

4 Hier fehlen Adjektive. Die verwandten Wörter helfen dir: Rat, lesen, Türkei, biegen, Ehre, Trauer.

Sara ist ___ . Die kleine Schrift ist nicht ___ .
Ibrahim spricht ___ . Er sagt: „Mein Lineal ist ___ ."
Leo lügt, er ist nicht ___ . Das ist ___ .



AH Seite 61, 62

## Eine Geheimsprache?

1. In manchen Klassen gibt es Kinder, die nicht oder nur sehr schlecht hören. Wie nehmen sie am Unterricht teil? Wie verständigst du dich mit ihnen?

2. Gehörlose Menschen unterhalten sich miteinander in der Gebärdensprache. Sie verwenden Hände, Mimik und Gestik. Wo hast du das schon einmal gesehen?

3. Diese Gebärden stellen die Begriffe Hase, Schere und Haus dar. Versuche, sie nachzuahmen.

4. Ahme diese Gebärden nach. Was könnten sie bedeuten?

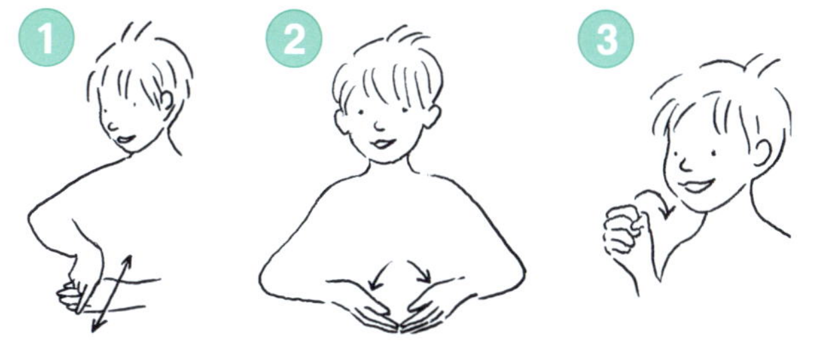


5. Mit Gebärden kann man nicht alles ausdrücken. Einen Namen zum Beispiel muss man buchstabieren. Vergleiche die Fingerstellungen mit den Buchstabenformen. Was stellst du fest? Versuche, deinen Namen mit der Fingersprache zu buchstabieren.

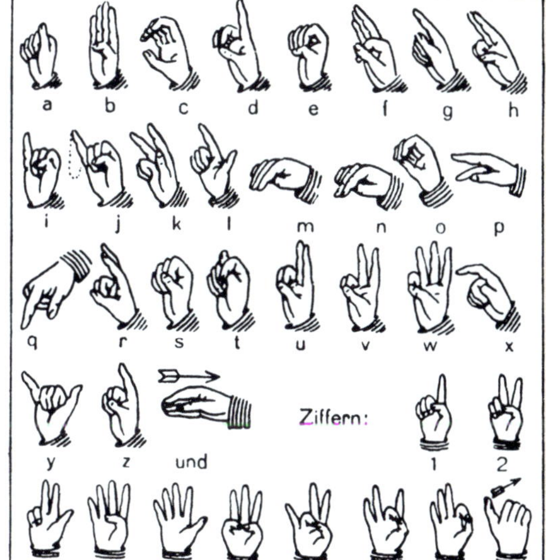


6. Versuche einem anderen Kind etwas mitzuteilen:

Ich habe Hunger. Ich habe Durst.
Mit geht es gut. Wie geht es dir?

Verwende dazu das Fingeralphabet oder die Gebärdensprache. Schau nach im Internet. Vergleiche diese Unterhaltung mit einem Gespräch.

## Satzdetektive

1 Heute ist Kyrill ein Satzdetektiv. In dem Buch „Schnüffelnasen an Bord“ findet er diesen Satz:

Wir überraschen die Juwelendiebe auf frischer Tat.

Kyrill möchte ihn unter die Lupe nehmen. Was kann er in solch einem Satz wohl alles entdecken?

2 Auch du bist ein Satzdetektiv: Untersuche den Satz nach folgenden Merkmalen. Schreibe jeweils die Antwort dazu.

| Anzahl der Silben: | Zeitform: | Anzahl der Nomen: |
|---|---|---|
| … | … | … |
| Anzahl der Satzglieder: | Subjekt: | Lieblingswort: |
| … | … | … |

3 Finde weitere Merkmale, nach denen du den Satz und seine Wörter untersuchen kannst. Die Randspalte hilft dir.

4 Du kannst eine Geschichte zu dem Satz oder zu Wörtern aus dem Satz schreiben.
Du kannst auch dazu malen.

5 Für Satzdetektive: Suche deinen Satz. Wo hast du ihn gefunden? Wie willst du ihn untersuchen?

6 Jeweils ein Satzdetektiv stellt seinen Satz in der Klasse vor. Er erklärt, was er alles entdeckt hat.
Finden andere Detektive noch mehr heraus?

AH Seite 63, 64

## Urlaubserlebnisse

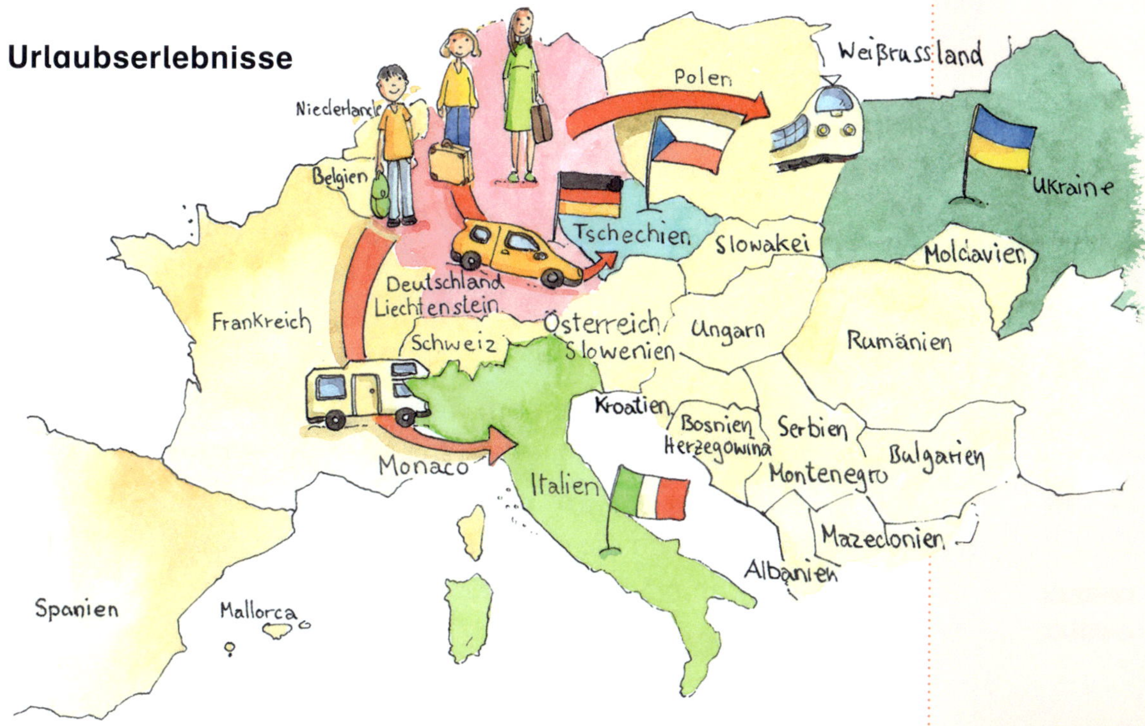


1 Wohin fahren die Kinder? Kennst du eines dieser Länder?

2 Sicher bist du schon einmal verreist oder hast einen Ausflug gemacht. Was hast du erlebt? Was war anders als zu Hause?

3 Kasia hält einen Vortrag über ihre Ferien in Polen. Sie hat dazu Stichpunkte notiert und sie wie am Rand geordnet. Erzähle, was Kasia erlebte. Bilde vollständige Sätze.

Vortrag → Seite 123/3

1.
Sommerferien: Mama, Schwester
Polen: Nachbarland Deutschlands
Hauptstadt: Dresden
Sprache: polnisch

2.
Bahnhof: Oma und Opa
Auto → Bauernhof (Kühe, 3 Katzen, 1 Hund)
Essen: Bigos, Piroggen, Babka

3.
- im Kuhstall Opa geholfen
- am See geangelt
- draußen gespielt mit vielen Kindern
- zur Ostsee mit dem Auto gefahren
- Tante Maria besucht

4 Bereite einen Vortrag über deine Reise vor. Schließe deine Augen und erinnere dich. Schreibe zu jedem Ereignis Stichpunkte auf und ordne sie auf Karteikarten. Sprich langsam und deutlich. Finde einen passenden Einstieg und einen Abschluss.

5 Wie kannst du deinen Vortrag lebendig gestalten?

Wörter der Landessprache, Lieder, Fotos, Postkarten, Andenken …

6 Nach einem Vortrag kannst du Fragen stellen. Wie hat dir der Vortrag gefallen?

… , ich fand es gut, wie du …
… , es war interessant, dass du zu Beginn …

Großbritannien

Tschechische Republik

Spanien

Slowakei

Ukraine

Frankreich

Italien

Niederlande

Polen

## Im Ausland

1 Kasia fährt nach Danzig, Eva nach Marienbad und Paolo nach Florenz. In welchen Ländern liegen die Städte?

2 Betrachte die Flaggen am Rand. Kennst du eines dieser Länder? Berichte davon.

3 So nennen sich die Länder in ihrer Landessprache. Wie heißen sie in deutsch?

España, United Kingdom, Polska, Slovensko, Nederland, France, Italia, Ukrajina, Česká republika

Schreibe so: España – Spanien, Great Britain – …

4 Wie heißt Deutschland in den Ländern aus Aufgabe 3? Sprich so: Germany sagt man in …

5 In fremden Ländern gibt es feine Speisen. Welche kennst du? Frage auch andere Kinder. Sammelt die Namen der Speisen und Getränke aus anderen Ländern. Beschreibt und malt sie oder findet Bilder dazu.

AH Seite 66

## Menschen unterwegs

1 Diese Kinder sind nicht verreist. Sie haben mit ihren Eltern oder einem Elternteil ihr Land verlassen. Lies, warum.

2 Gruppenarbeit: Manche Menschen verlassen ihr Heimatland freiwillig, andere eher unfreiwillig. Welche Gründe gibt es dafür? Schreibt Stichpunkte auf.

freiwillig: ... unfreiwillig: ...

3 Was erhoffen sich Menschen, die ihre Heimat für längere Zeit oder für immer verlassen? Bilde zu den Stichpunkten vollständige Sätze.

Möglichkeit, die eigene Meinung zu äußern
genug Geld für Essen und Trinken
Arbeitsstelle
Schulausbildung
Gleichberechtigung
Leben ohne Angst und in Frieden

4 Wenn Menschen für lange Zeit, also langfristig, ihr Land verlassen, spricht man von Migration. Solche Menschen werden als **Migrantinnen** und **Migranten** bezeichnet. Lies im Internet nach: Migration

5 Frage Kinder, deren Eltern aus einem anderen Land kommen. Was hat sich in ihrem Leben nach der Migration verändert?

6 Stell dir vor, du müsstest mit deinen Eltern die Heimat verlassen. Welche Schwierigkeiten erwarten dich in einem fremden Land?
Überlegt gemeinsam und sprecht darüber.

Freunde, Sprache, Geld, Wohnung, Angst nicht bleiben zu dürfen ...

7 Ein Wegzug aus der Heimat kann viele **Gründe** haben. Das Leben in der neuen Heimat bringt **Probleme** mit sich, bietet aber auch **Vorteile**.
Notiere zu jedem Stichpunkt deine Überlegungen.
Sprecht anschließend darüber.
Fertigt ein Plakat wie am Rand.

8 In der Klasse 3 b gibt es viele Kinder, deren Eltern aus anderen Ländern kommen. Die Kinder planen eine Ausstellung zu dem Thema „Meine Heimat“.
Alle helfen mit. Wie könnten sie die Ausstellung gestalten?

verschiedene Speisen, Lieder, Bilder ...

9 Wie kannst du Kindern, die erst seit kurzem in Deutschland leben, helfen, sich bei uns einzugewöhnen?

## Tischsitten hier und anderswo

speisen, löffeln, verzehren, essen, vertilgen, zu sich nehmen, schmatzen

1 Bilde vollständige Sätze.
Verwende passende Wörter vom Rand.

In **Deutschland** ___ du mit Messer und Gabel. Wenn du eine Suppe ___, hältst du den Löffel in einer Hand, die andere Hand liegt neben dem Teller. In **Japan** ___ man Sushi mit Stäbchen. In **Amerika** ___ man meist mit der Gabel in der rechten Hand. Die freie linke Hand liegt auf dem Schoß. **Italiener** ___ große Mengen Spaghetti. Die langen Nudeln werden aber nur mit der Gabel aufgerollt. In **afrikanischen** Dörfern gibt es oft nur eine Schüssel, aus der alle die Speisen mit der Hand ___. In **China** ___ man geräuschvoll, um zu zeigen, dass es schmeckt.

2 Mit welchem Begriff bezeichnet man Wörter, die eine ähnliche Bedeutung haben? → Seite 55
Sammelt weitere Wörter für essen. Kontrolliert mit dem Wörterbuch.

3 Auch hier wird gegessen. Schreibe zu jedem Bild einen Satz. Formuliere abwechslungsreich.

Textekartei → S. 126/4 e

4 Welches Wort passt deiner Meinung nach nicht in die Zeile? Begründe.

- vertilgen – zu Abend essen – tafeln – grübeln
- servieren – schnabulieren – probieren – schmausen
- frühstücken – naschen – verdauen – mampfen

## Bei uns und anderswo

1 Leo und Amelie besuchen Tante Mary in London, der Hauptstadt Großbritanniens. Lies die Sätze in den Sprechblasen. Welche Satzarten erkennst du? Woran erkennst du sie?

2 Schreibe die Sätze aus den Sprechblasen auf.
Kreise die Satzglieder ein.
**Umstellprobe:** Stelle nun jeden Satz zwei Mal um.
Was passiert mit den Satzarten?
An welcher Stelle steht jeweils das Prädikat?

3 Schreibe, kreise die Satzglieder ein. Kontrolliere mit der Umstellprobe. Unterstreiche jeweils Prädikat und Subjekt.

Die Geschwister entdecken mit Tante Mary London.
Sie machen eine Stadtrundfahrt im Doppeldeckerbus.
Im Riesenrad erhalten sie einen Überblick über die Stadt.
Mittags essen die hungrigen Touristen „Fish and Chips“.
Berühmte Persönlichkeiten bewundern die Kinder nachmittags im Wachsfigurenkabinett.

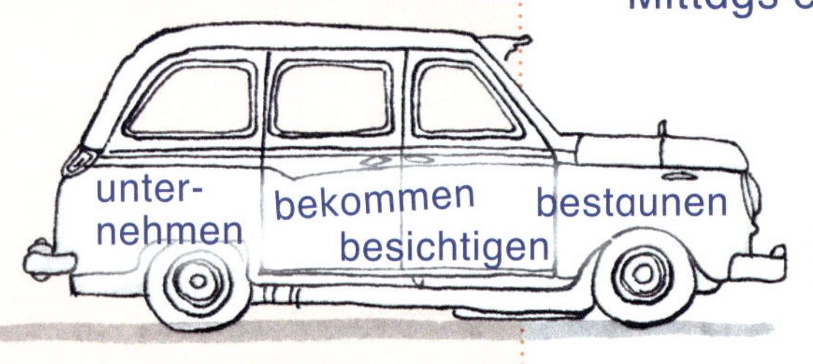


4 **Ersatzprobe 1:** Ersetze das Prädikat in den Sätzen von Aufgabe 3 durch ein anderes Verb.
**Ersatzprobe 2:** Ersetze das Subjekt in den Sätzen durch ein anderes.

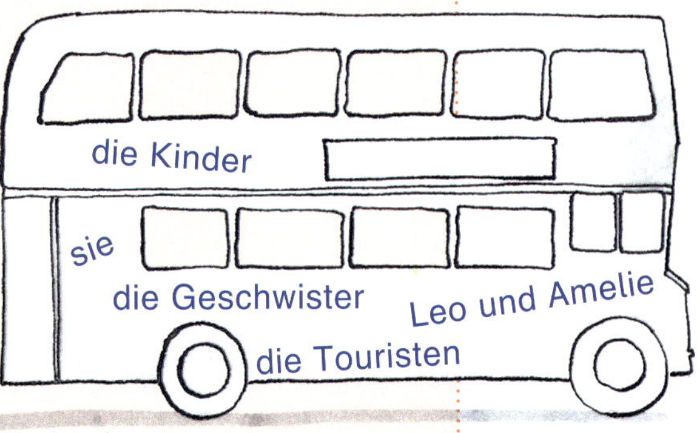


5 **Weglassprobe:** Verkürze die Sätze aus Aufgabe 3 so weit wie möglich. Sie müssen aber noch einen Sinn ergeben.
**Erweiterungsprobe:** Erweitere jeden Satz aus Aufgabe 3 mit zusätzlichen Satzgliedern.


AH Seite 68

## Wörter mit doppeltem Vokal

1 Welche Wörter aus der Wörterschule passen zum Bild?

2 Wie kannst du die Wörter aus der Wörterschule ordnen? Kennzeichne die Stellen, die du dir merken willst.

Sprich dazu: See mit ee

3 Gestalte Wörter mit doppeltem Vokal mit verschiedenen Stiften, Farben, Formen und Größen.

4 Finde zu jedem Nomen ein passendes Adjektiv.

groß, weich, giftig, lang, leer, weiß, klein, heiß, grün
Beere, Boot, Moos, Schnee, See, Aal, Zoo, Tee, Fee, Klee, Kaffee, Haar, Moor

Schreibe so: der große Zoo: Der Zoo ist groß.
das weiche Moos: Das Moos ist …

5 Schreibe eine Geschichte über den Bootsausflug. Für jedes Wort mit doppeltem Vokal erhältst du 10 Punkte. Wer bekommt mehr als 100 Punkte?

**Wörterschule**

See
Meer
Schnee
Moos*
Boot*
Beere*
Aal*
leer*
Haar

**Rechtschreib-Trick:**
**Üben und merken!**

Ich übe die Wörter und merke sie mir, besondere Stellen sage ich dir:
Meer mit ee.



AH Seite 65

## Wörterschule

ihnen
ihr
ihre
sie

### Anredepronomen

*Liebe Frau Burger,*
*ich schicke Ihnen viele Grüße aus England. Gerade haben wir eine Stadtrundfahrt durch London gemacht. Dabei habe ich mich an vieles erinnert, wovon Sie uns im Englischunterricht erzählt haben. Besonders gut war Ihre Idee, das Wachsfigurenkabinett zu besuchen.*

*Bis bald,*
*Ihr Leo*

1 Leo schreibt seiner Lehrerin aus dem Urlaub eine Ansichtskarte. Notiere die Pronomen (7), die er verwendet. Was fällt dir auf?

2 Nicht alle Pronomen werden gleich geschrieben. Finde heraus, wann Pronomen großgeschrieben werden.

3 Welche Menschen redest du mit „du“ an? Welche redest du mit „Sie“ an?

4 Amelie schreibt ihrer Freundin eine Karte. Setze die Pronomen richtig ein.

*Liebe Lena,*
*danke, dass ___ unsere beiden Katzen versorgst. Sie haben es sicher gut bei ___. Wir haben schon viel von London gesehen. Gestern habe ich auf dem Flohmarkt ein kleines Geschenk für ___ gekauft.*

*Viele Grüße,*
*___ Amelie*

5 Herr Müller, der Nachbar, schaut nach den Katzen. Ändere Amelies Karte. Beginne so:

*Lieber Herr Müller,*
*danke, dass ___*

Wir sind **höflich**.
Fremde Menschen sprechen wir so an:
Sie, Ihr, Ihre, Ihnen …

**Diese Pronomen** schreiben wir **groß**.

Textekartei  S. 127

LIEBE KINDER,
FREUT IHR EUCH AUCH SO AUF DIE FERIEN?
IN DIESER ZEIT VERREISEN VIELE LEUTE. SIE BENUTZEN EIN AUTO ODER EIN FAHRRAD. ICH FAHRE MIT DER BAHN ZU MEINER NEUEN FREUNDIN.
AM SONNTAG WILL ICH MIT IHR AUF EINEM KLEINEN BOOT DEN SEE ÜBERQUEREN. ICH HOFFE, DAS WETTER BLEIBT SCHÖN.
IN DER VIERTEN KLASSE SEHEN WIR UNS WIEDER.
DANN VERRATE ICH EUCH NEUE TRICKS.
ICH DENKE AN EUCH!
EUER BIBU

1 Schreibe alle Nomen ddd MZ aus Bibus Brief mit dem bestimmten Artikel auf.

2 Schreibe Bibus Brief in Schreibschrift.
Kreise alle Satzanfänge und die Anfangsbuchstaben der Nomen ein.

3 Du findest auch Verben ich und Adjektive Wie?.
Schreibe sie in der Grundform auf.

Verben ich: freuen, ...
Adjektive Wie?: lieb, ...

4 Immer drei Wörter gehören zur gleichen Wortart. Schreibe nur diese Wörter auf.

fröhlich weit reist blau

schnell können schwimmt besuchen

der bei die ein

5 Hier sind Wortfamilie und Wortfeld essen durcheinander geraten. Ordne sie.

essbar, speisen, Mittagessen, vertilgen, schlecken, essen, verschlingen, Esslöffel, löffeln

Wortfamilie: ?     Wortfeld: ?

6 Stelle den Satz zwei Mal um: Bilde zwei neue Aussagesätze.
Kreise jeweils die Satzglieder ein.

**In der vierten Klasse verrät Bibu euch neue Tricks.**

AH Seite 69, 70

# ⑤ Überprüfen und üben

Hier findest du die Lösungen zu Seite 119.

S. 10 **1** Schreibe alle Nomen aus Bibus Brief mit dem bestimmten Artikel auf.
die Kinder, die Ferien, die Zeit, die Leute, das Auto, das Fahrrad, die Bahn, die Freundin, der Sonntag, das Boot, der See, das Wetter, die Klasse, die Tricks, der Bibu

S. 10 **2** Schreibe Bibus Brief in Schreibschrift. Kreise alle Satzanfänge und die Anfangsbuchstaben der Nomen ein.

Liebe Kinder,
freut ihr euch auch so auf die Ferien?
In dieser Zeit verreisen viele Leute. Sie benutzen ein Auto oder ein Fahrrad. Ich fahre mit der Bahn zu meiner neuen Freundin.
Am Sonntag will ich mit ihr auf einem kleinen Boot den See überqueren. Ich hoffe, das Wetter bleibt schön.
In der vierten Klasse sehen wir uns wieder.
Dann verrate ich euch neue Tricks.
Ich denke an euch!
Euer Bibu

S. 11, S. 19 **3** Du findest auch Verben ich und Adjektive Wie?.
Schreibe sie auch in der Grundform auf.

**Verben** ich: freuen, verreisen, benutzen, fahren, wollen, überqueren, hoffen, bleiben, sehen, verraten, denken

**Adjektive** Wie?: lieb, gut, klein, schön, neu

S. 10, S. 11, S. 19 **4** Immer drei Wörter gehören zur gleichen Wortart. Schreibe nur diese Wörter auf.
(Adjektive) fröhlich, weit, blau
(Artikel) der, die, ein
(Verben) können, schwimmt, besuchen

S. 25, S. 55 **5** Hier sind Wortfamilie und Wortfeld essen durcheinander geraten. Ordne sie.
Wortfamilie: essbar, Mittagessen, aufessen, Esslöffel
Wortfeld: verspeisen, schlecken, verschlingen, löffeln

S. 115, S. 116 **6** Stelle den Satz zwei Mal um. Bilde zwei neue Aussagesätze.
Kreise jeweils die Satzglieder ein. Beispiele:

Bibu | verrät | euch | in der vierten Klasse | neue Tricks.
Bibu | verrät | euch | neue Tricks | in der vierten Klasse.
Neue Tricks | verrät | Bibu | euch | in der vierten Klasse.
Neue Tricks | verrät | euch | Bibu | in der vierten Klasse.
Euch | verrät | Bibu | in der vierten Klasse | neue Tricks.

Du glaubst, du musst noch üben? Die grünen Seitenangaben sagen dir, wo.

Bist du mit deinem Ergebnis zufrieden?
Male zu jeder Aufgabe passend: ☺ 😐 ☹
😐 ☹ Wie willst du üben?
Sprich auch mit deiner Lehrerin, deinem Lehrer.

## Lernwörterkartei anlegen

Schreibe die Wörter, die du üben willst, auf Karteikärtchen.
Kennzeichne schwierige Stellen in den Wörtern gelb.
Überprüfe, ob du das Wort richtig geschrieben hast:
mit dem Wörterbuch – oder eine Lehrerin,
ein Lehrer kontrolliert es.
Deine Wörterbox ist ein kleiner Karteikasten mit fünf Fächern.
Gib jedes Kärtchen zuerst in das erste Fach.

## Üben mit der Wörterbox

- Nimm ein Kärtchen aus dem 1. Fach heraus.
  Lies das Wort genau, sprich es in Silben.

  Überlege:
  - Welche Regel passt zu dem Wort? ableiten, verlängern …
  - Bestimme die Wortart. ddd MZ ich Wie?
  - Aus welchen Wortbausteinen ist es zusammengesetzt?
  - Achte auf besondere Stellen. Wie merkst du sie dir?

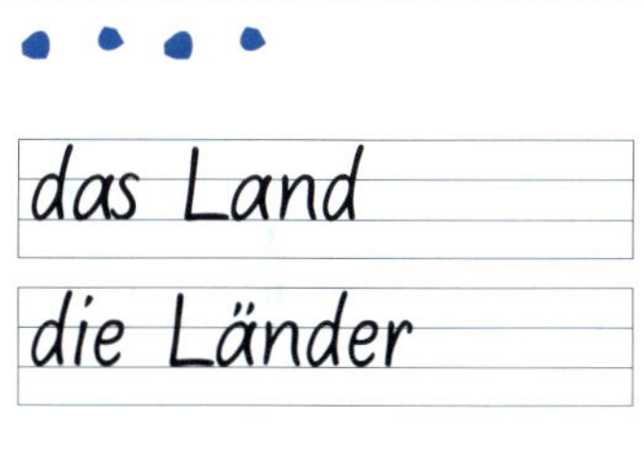


- Drehe das Kärtchen um und schreibe das Wort ins Heft.
- Überprüfe:
  - Hast du das Wort richtig geschrieben?
    Dann male einen Punkt in die Ecke. Das Kärtchen kommt in das 2. Fach. Übe Wörter im 2. Fach genauso, damit sie bald in das 3., 4. und 5. Fach wandern.
  - Hast du einen Fehler gemacht? Das Kärtchen bleibt im 1. Fach.
    Überlege, warum du diesen Fehler gemacht hast.
    Suche dir mit deiner Lehrerin/deinem Lehrer eine passende Übung dazu.
    Beispiele: Mehrzahl bilden, Verben in Personalformen schreiben, verwandte Wörter finden, Wortstamm markieren …

## Aus der Box in den Kopf

Lass dir die Wörter diktieren, bevor du sie aus dem 5. Fach nimmst.
Wörter, die du fehlerfrei schreibst, dürfen die Wörterbox verlassen.
Sie sind jetzt sicher in deinem Kopf verwahrt.

AH Seite 9

## So macht Diktieren Spaß

**1 Blitzdiktat**

Schreibe schwierige Wörter auf Karteikärtchen. Dann übe mit einem anderen Kind. Beispiel: Leo zeigt Sara blitzschnell ein Kärtchen. Sara schreibt das Wort auf. Leo und Sara überprüfen und berichtigen gemeinsam.

**2 Schritt-für-Schritt-Diktat**

Halbiere eine große Din A4-Seite der Länge nach.
Schreibe in die linke Zeilenhälfte den Diktattext, die rechte Hälfte bleibt leer.
Anschließend beginnst du mit dem „Diktat":
Lies jeweils die linke Zeilenhälfte und klappe sie nach hinten. Schreibe das, was du gelesen hast, in die rechte Zeilenhälfte. Klappe nun den Text auf und überprüfe genau, ob du alle Wörter richtig geschrieben hast. Dabei kannst du deine Wörter zuerst mit einem Stift zudecken und dann Buchstabe für Buchstabe aufdecken.
Nachher liest du im linken Text die nächste Zeile und klappst den Text nach hinten …

**3 Mäppchendiktat**

Schreibe alle Sätze des Textes auf Satzstreifen.
Mische diese und lege sie in dein Mäppchen.
Klappe das Mäppchen zu und ziehe einen Satzstreifen heraus. Lies ihn und lege ihn unter dein Mäppchen.
Schreibe den Satz auf, dann überprüfe mit dem Streifen unter dem Mäppchen. Ziehe nun den nächsten Streifen aus dem Mäppchen …

**4 Schleichdiktat**

Lege den Text einige Meter von dir entfernt offen aus.
Schleiche zu dem Text und lies bis zum Strich.
Schleiche zu deinem Platz zurück und schreibe auf.
Schleiche wieder zum Text …
Zum Schluss holst du den Text zurück und kontrollierst.

Mir hilft das Rechtschreib-programm in meinem Computer.

**5 Dein Diktat**

Erfinde einen schönen Text, welchen du richtig schreiben willst.

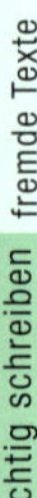

**So gelingen Gespräche**

### 1 Erzählkreis → Seite 7, 51

Ergänze die Gesprächsregeln: deutlich, Sätzen, aufmerksam zu, anderer Kinder, beim Sprechen an, ausreden, nicht verstehe.

*Ich spreche in vollständigen …*
*Ich lasse andere …*
*Ich höre …*
*Ich stelle Fragen, wenn ich etwas …*
*Ich schaue andere …*
*Ich spreche langsam, laut und …*
*Ich nehme Bezug auf Beiträge …*

Welche Regel ist dir am wichtigsten?

### 2 Konfliktgespräch  Seite 58

Es tut mir leid.

Wie verhältst du dich nach einem Streit?
Wie unterstreichst du deine Bereitschaft zur Versöhnung?

Ich sage, was mich geärgert hat.
Ich überlege, was ich falsch …
Ich schlage vor, wie wir uns wieder …

### 3 Vortrag → Seite 28, 81, 97, 111

Wie hältst du einen Vortrag?
Ergänze die Sätze mit den Wörtern vom Rand.

Ich wende mich den anderen Kindern …
Ich spreche langsam, laut und …
Ich spreche in vollständigen …
Ich verwende Anschauungsmaterial wie …
Ich finde einen passenden Einstieg und …

einen Abschluss
zu
Sätzen
deutlich
Bilder, Gegenstände

Wie gibst du Rückmeldungen? Nenne Beispiele.

# Textekartei

Hier findet ihr Tipps, wie Texte gelingen können.
Gestaltet zu den Tipps für eure Klasse Lernplakate.
Diese helfen euch beim Schreiben von Texten.

**Immer wichtig!**

1 Schreibe in vollständigen Sätzen so genau und verständlich, dass jeder deinen Text gut versteht. Denke an den Punkt am Satzende.

2 Überlege: Soll dein Text unterhalten, erzählen?
Soll er informieren, beschreiben, erklären?

3 Sammle Textbausteine: typische Formulierungen, passende Verben, Adjektive … und Informationen: aus Kinderbüchern, Zeitschriften, Lexika, Internet …

4 Achte auf eine verständliche, logische Reihenfolge.

5 Verwende unterschiedliche, passende Satzanfänge. → Seite 9, 39

| | | |
|---|---|---|
| Zuerst | Vor langer Zeit | Plötzlich |
| Darauf | Früher | Auf einmal |
| Anschließend | Eines Tages | Da |
| Nun | Neulich | Sofort |
| Jetzt | Bald | Zum Glück |
| Nachher | Später | Doch |
| Danach | Nach kurzer Zeit | Aber |
| Zum Schluss | Hinterher | Schon |
| Zuletzt | Endlich | Leider |

Du kannst Sätze auch umstellen:
Ich packe mein Brot **vorsichtig** in die Pausenbox.
**Vorsichtig** packe ich mein Brot in die Pausenbox.

6 Mit Pronomen vermeidest du Wiederholungen. → Seite 15
**Lilia** entdeckt einen Käfer.
**Sie** holt ein Tierlexikon.

## Spezialtipps für Erzählungen

**1** Passende Überschrift → Seite 22
Sie ist kurz und macht auf deine Geschichte neugierig.

**2** Zeitform: Schreibe alles in der gleichen Zeitform, z. B. in der 1. Vergangenheit. → Seite 29, 31

**3** Führe in deine Erzählung ein. → Seite 17, 38
Wer ...? Was ...? Wo ...? Wann ...? Gib den Personen Namen.

**4** Gestalte das Ereignis lebendig.

a) Wörtliche Rede: → Seite 60
Adele jammerte: „Ach, ich bin so hungrig.“
Rüsselchen entgegnete: „Nimm dir nur einen Happen.“

b) Fragen und Ausrufe: → Seite 39, 46, 48, 62
Was ist hier los? Ob er wieder gesund wird? Bleibt sie im Versteck? Ist er mir böse? Oje! Nicht schon wieder! Schade! So ein Glück! Na, so was! Seltsam! Hilfe! Stopp! Klasse! Oh Schreck! Das kann doch nicht wahr sein! Zwick mich mal! Aua! Ach! Juhu! Hurra! ...

c) Gedanken und Gefühle ausdrücken:
Angst → Seite 106
Gänsehaut bekommen, das Herz schlägt bis zum Hals, vor Angst kein Wort herausbekommen, das Herz rutscht in die Hose, weiche Knie bekommen ...
Staunen → Seite 99
vor Staunen die Augen aufreißen, der Mund bleibt offen stehen, die Augen fallen fast aus dem Kopf ...

d) Abwechslungsreiche Adjektive verwenden:
schön → Seite 19, 38, 39, 46, 99, 101
fein, herrlich, gut, hübsch, interessant, prima, prächtig, prachtvoll, majestätisch, modern, hübsch, witzig, schick, geschickt, toll, elegant, praktisch, sportlich, lustig, zauberhaft, fantastisch ...

e) Unterschiedliche und treffende Verben verwenden:

machen  Seite 52

bohren, biegen, halten, kleben, nähen, schneiden, öffnen, kneten, wickeln, befestigen, überziehen, stecken, falten, streichen, ziehen, gießen …

gehen  Seite 55

spazieren, wandern, abbiegen, bummeln, schlendern, schleichen, trödeln, schlurfen, eilen, laufen, rasen, rennen, stürmen, sausen, flitzen, drängeln, hüpfen, springen, humpeln, hinken, stolpern, stampfen, balancieren, stolzieren, schreiten, watscheln, staksen, stelzen …

sagen  Seite 59

fragen, überlegen, meinen, entgegnen, antworten, sprechen, reden, erklären, informieren, nennen, auffordern, bemerken, rufen, schreien, brüllen, mahnen, jammern, murmeln, seufzen, jubeln, flüstern, wispern, hauchen, warnen, tuscheln, befehlen, schimpfen, weinen, erzählen, bitten, behaupten, verraten, stottern …

Ich ~~mache~~ koche eine Suppe.

essen  Seite 115

sich stärken, kosten, probieren, naschen, knabbern, schnabulieren, genießen, speisen, verspeisen, verzehren, dinieren, tafeln, futtern, verdrücken, verputzen, vertilgen, mampfen, schmausen, verschmausen, löffeln, zulangen, reinhauen, spachteln, stopfen, schlingen, verschlingen, herunterwürgen, verschlucken, hinunterschlucken, zu sich nehmen …

5 Der Ausgang ist kurz und rundet deine Geschichte ab.
Seite 32, 38
Zum Schluss kannst du abschließende Gedanken und Gefühle beschreiben.

## Spezialtipps für Sachtexte und Briefe

1. Schreibe in einer kurzen Überschrift, worum es geht.

2. Schreibe kurze Aussagesätze. Verwende dabei die Gegenwart.

3. Erkläre knapp und genau
   - in der richtigen Reihenfolge,
   - nur das, was wichtig ist,
   - sachlich,
   - mit Fachausdrücken.

4. Verwende treffende, aber sachliche Verben.

**Rezept**  Seite 9 **Bastelanleitung**  Seite 53

- Liste auf, was gebraucht wird.
- Beschreibe in einer Form:
  Ich-Form, Du-Form, Aufforderung (Nimm …)
  Vorsichtig packe ich mein Brot in die Pausenbox.
- Verwende wechselnde Satzanfänge.

**Beobachtungen**  Seite 76

- Lege eine Tabelle an.
- Notiere das Beobachtungsdatum.
- Schreibe zu deinen Beobachtungen Stichpunkte oder Sätze.

**Lerntagebuch**  Seite 34

- Schreibe das Datum und das Fach auf:
  16. März Deutsch
- Erkläre und beschreibe genau, was du gelernt oder entdeckt hast.
- Berichte, was dir noch schwer fällt.
- Schreibe genau auf, was du erreichen willst: heute, morgen, in dieser Woche …
  Morgen will ich alle Lernwörter …
- Erkläre danach: Hast du dein Ziel rechtzeitig und vollständig erreicht? Was hast du dafür getan?

**Spezialtipps für Briefe**  Seite 83, 118

- Ort, Datum
- Anrede: Liebe …, Sehr geehrter …, Hallo …
- Pronomen in der Höflichkeitsform groß: Sie, Ihr, Ihre, Ihnen …
- Schlussform: Herzliche Grüße …, Mit freundlichen Grüßen …
- Unterschrift

## So überarbeite ich Texte

**1 Autorenlesung**  Seite 9, 60

Ein Kind ist der Autor oder die Autorin.
Sein Text wird mit einem Projektor oder einem Beamer an der Wand abgebildet.

- Das Kind liest seinen Text vor. Die anderen lesen mit und überlegen, was an der Geschichte gelungen ist und was verbessert werden kann.
- Sprecht gemeinsam darüber.

**2 Expertengruppe** (3 bis 4 Kinder) Seite 53, 99

Jedes Kind erhält eine Geschichte.
Es überarbeitet den Text als Experte mit der entsprechenden Farbe.

**Rechtschreib-Experten** streichen falsch geschriebene Wörter durch und schreiben sie richtig darüber.
Hier kann ein Wörterbuch nützlich sein.

**Sprach-Experten** achten auf die Wortwahl und machen Verbesserungsvorschläge.

- unterschiedliche Satzanfänge
- treffende Adjektive und Verben
- Wiederholungen

☺ für besonders gelungene Textstellen

**Inhalts-Experten** geben an den Stellen Tipps, wo etwas unverständlich ist oder fehlt.

**Aufbau-Experten** überprüfen die Gliederung.

- Anfang – Ereignis – Ausgang
- Reihenfolge

Wer mit dem Überarbeiten fertig ist, gibt den Text an ein anderes Expertenkind weiter.

## 3 **Randbemerkungen** (3 bis 4 Kinder) → Seite 39, 106

Klebe deine Geschichte in die Mitte eines deutlich größeren Blattes.
Jedes Kind liest eine Geschichte aufmerksam durch. Ziehe Striche zu bestimmten Textstellen. Schreibe dazu einen passenden Tipp an den Rand.

- W Wiederholung
- ☺ gut
- Z Zeitform falsch
- R Rechtschreibfehler

*Die Sanitäter betraten das Behandlungszimmer. Auf einer Trage lag ein Junge. Oh je! Er weinte. Seine Mutter begleitete ihn. Der Bub war auf dem Eis ausgerutscht und nun tat ihm sein Bein sehr weh. Frau Doktor Lopez beugt sich über das Kint und fragte nach seinem Namen. Er hieß Fabian.*
*Dann tastete die freundliche Ärztin das Bein ab. Dann musste sie das Bein röntgen, vielleicht war es ja gebrochen? Fabian hatte Angst. Ob er wohl über Weihnachten im Krankenhaus lag? Seine Mutter tröstete ihn.*

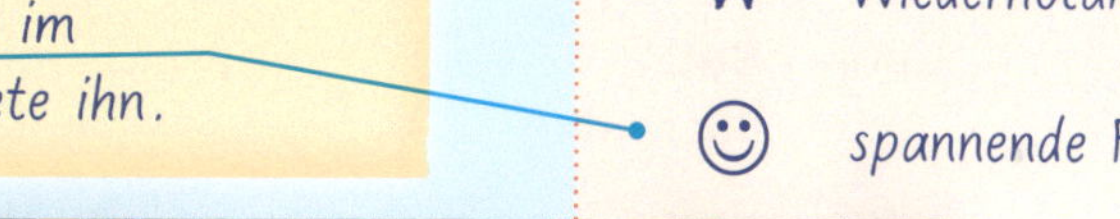

- 😐 Adjektiv?
- ☺ Ausruf
- Z Zeitform falsch
- R Rechtschreibfehler
- ☺ Adjektiv
- W Wiederholung
- ☺ spannende Frage

## 4 **Textwanderung** → Seite 17, 46, 83

- Lege deinen Text und ein leeres Blatt Papier auf den Tisch.
- Wandere leise zu einem anderen Gruppentisch.
- Lies jeweils nur einen Text. Schreibe an die Stelle, die dir gefällt oder nicht gefällt, eine Ziffer. Notiere auf dem leeren Blatt zu dieser Zahl deine Anmerkung.

# Wörterliste

## Grundwortschatz für die Jahrgangsstufen 1, 2 und 3

einschließlich der Häufigkeitswörter

der **Aal***, die Aale

**ab**

der **Abend**, die Abende

**aber**

**acht***

**alle**

**alles***

**als**

**also**

die **Ameise**, die Ameisen

**antworten** – er antwortet

der **Apfel**, die Äpfel

der **April***

**arbeiten** – er arbeitet

der **Arm**, die Arme

der **Arzt**, die Ärzte

der **Ast*** die Äste

**auf**

die **Aufgabe**, die Aufgaben

das **Auge**, die Augen

der **August***

**aus**

das **Auto**, die Autos

das **Baby**, die Babys

**backen** – er backt/er bäckt, er backte/er buk

**baden** – er badet

die **Bahn***, die Bahnen

die **Bank**, die Bänke

die **Batterie***, die Batterien

der **Bauch**, die Bäuche

der **Baum**, die Bäume

die **Beere***, die Beeren

**bei**

der **Berg**, die Berge

**beten*** – er betet

das **Bett***, die Betten

die **Biene**, die Bienen

**bieten*** – er bietet, er bot

das **Bild**, die Bilder

die **Birne**, die Birnen

**blau**

**bleiben** – er bleibt, er blieb

**blicken*** – er blickt

die **Blume**, die Blumen

die **Blüte**, die Blüten

**bohren** – er bohrt

das **Boot***, die Boote

**böse**

**brauchen** – er braucht

**braun**

die **Braut***, die Bräute

die **Bremse***, die Bremsen

**brennen** – er brennt, er brannte

die **Brille***, die Brillen

**bringen** – er bringt, er brachte

das **Brot**, die Brote

der **Bruder**, die Brüder

der **Bub**, die Buben

das **Buch**, die Bücher

**bunt**

der **Cent**, die Cents (aber: 3 Cent)

der **Chef***, die Chefs

der **Clown**, die Clowns

der **Computer**, die Computer

**da**

der **Dachs***, die Dachse

**danken** – er dankt

**dann**

**das**

**davor***

**denken** – er denkt, er dachte

**der**

**des**

der **Dezember***

**dich**

**dick**

**die**

der **Dienstag***, die Dienstage

das **Ding**, die Dinge

**dir**

**doch**

der **Donnerstag***, die Donnerstage

das **Dorf**, die Dörfer

die **Dose**, die Dosen

**draußen**

**dreckig***

**drucken** – er druckt

**du**

**dumm**

**dunkel**

**durch**

**dürfen** – er darf, er durfte

der **Durst***

E

das **Ei**, die Eier

die **Eidechse***, die Eidechsen

**eins** *

das **Eis**

**elf** *

das **Ende**, die Enden

**eng**

die **Ente**, die Enten

**er**

die **Erde**

**erlauben** – er erlaubt

**erst**

**es**

der **Esel**, die Esel

**essen** – er isst, er aß

**etwas**

**euer***

der **Euro**, die Euros (aber: 10 Euro)

die **Explosion***, die Explosionen

F

**fahren** – er fährt, er fuhr

**fallen** – er fällt, er fiel

**fangen*** – er fängt, er fing

der **Februar***

die **Feder**, die Federn

**fein**

das **Fenster**, die Fenster

**fett***

**finden** – er findet, er fand

der **Finger**, die Finger

der **Fisch**, die Fische

der **Fleiß***

**fliegen***– er fliegt, er flog

**fließen*** – er fließt, er floss

**fragen** – er fragt

die **Frau**, die Frauen

der **Freitag*** die Freitage

**fremd**

die **Freude***, die Freuden

**freuen*** – er freut sich

der **Freund**, die Freunde

die **Freundin***, die Freundinnen

**frieren*** – er friert, er fror

**frisch**

die **Frucht***, die Früchte

der **Frühling**

der **Fuchs**, die Füchse

**fühlen*** – er fühlt

**führen*** – er führt

**füllen*** – er füllt

der **Füller**, die Füller

**fünf** *

**für**

der **Fuß**, die Füße

G

die **Gabel**, die Gabeln

die **Galaxie***, die Galaxien

der **Garten**, die Gärten

**geben** – er gibt, er gab

die **Gefahr***, die Gefahren

**gehen** – er geht, er ging

der **Geist*** die Geister

**gelb**

das **Geld**, die Gelder

das **Gemüse**, die Gemüse

die **Geschichte**, die Geschichten

**gestern**

**gesund**

**gießen*** – er gießt, er goss

**glatt***

die **Glocke***, die Glocken

das **Glück**, glücklich

das **Gras**, die Gräser

**groß**

**grün**

der **Gruß***, die Grüße

**grüßen*** – er grüßt

**gut**

H

das **Haar**, die Haare

**haben** – er hat, er hatte

der **Hai**, die Haie

der **Hals**, die Hälse

**halten*** – er hält, er hielt

die **Hand***, die Hände

das **Handy**, die Handys

**hart***

der **Hase**, die Hasen

**hassen*** – er hasst

das **Haus**, die Häuser

die **Haut***, die Häute

die **Hecke***, die Hecken

**her**

das **Herz***, die Herzen

**heute***

die **Hexe**, die Hexen

**hier**

der **Himmel**, die Himmel

**hinter**

**hoch**

**holen** – er holt

**hören** – er hört

die **Hose**, die Hosen

der **Hund**, die Hunde

der **Hut***, die Hüte

die **Hütte***, die Hütten

I

**ich**

**im**

**immer**

**in**

die **Information***, die Informationen

das **Internet***

**ist** → sein

J

**ja**

die **Jacke***, die Jacken

das **Jahr**, die Jahre

der **Januar***

der **Juli***

der **Junge**, die Jungen

der **Juni***

K

der **Käfer**, die Käfer

der **Kaiser**, die Kaiser

**kalt***

der **Kater***, die Kater

die **Katze**, die Katzen

das **Kind**, die Kinder

die **Kiste**, die Kisten

die **Klasse**, die Klassen

das **Kleid**, die Kleider

**klein**

die **Klingel***, die Klingeln

**kommen** – er kommt, er kam

der **König***, die Könige

**können** – er kann, er konnte

der **Kopf**, die Köpfe

**krank**

**kratzen*** – er kratzt

das **Kraut***, die Kräuter

**kraxeln*** – er kraxelt

**kriechen*** – er kriecht, er kroch

**kurz**

L

der **Lachs***, die Lachse

**lang,** länger

**lassen** – er lässt, er ließ

**laufen** – er läuft, er lief

**laut**

**leben** – er lebt

**leer***

**legen** – er legt

der **Lehrer***, die Lehrer

**leicht**

**leise**

**lenken*** – er lenkt

der **Lenker***, die Lenker

**lernen** – er lernt

**leuchten*** – er leuchtet

die **Leute**

das **Lexikon*** die Lexika/ die Lexiken

**lieb***

**lieben** – er liebt

**liegen** – er liegt, er lag

der **Löwe**, die Löwen

die **Luft**, die Lüfte

M

**machen** – er macht

das **Mädchen**, die Mädchen

der **Mai**

**malen** – er malt

der **Mann**, die Männer

das **Märchen**, die Märchen

der **März***

die **Maus**, die Mäuse

das **Meer**, die Meere

**mehr***

**der** **Mensch**, die Menschen

**merken** – er merkt

das **Messer***, die Messer

die **Milch**

die **Minute***, die Minuten

**mit**

der **Mittwoch***

**mixen*** – er mixt

der **Monat***, die Monate

der **Montag*** die Montage

das **Moos***, die Moose

**müssen** – er muss, er musste

die **Mutter**, die Mütter

N

**nach**

die **Nacht***, die Nächte

die **Nadel**, die Nadeln

**nagen*** – er nagt

der **Name**, die Namen

**nass***

der **Nebel**, die Nebel

**nein**

**nett***

**neu**

**neun***

**nicht**

der **Nikolaus***, die Nikoläuse/ die Nikolause

die **Nixe***, die Nixen

der **November***

**nun**

**nützen*** – er nützt

O

**ob**

der **Ochse***, die Ochsen

**oder**

der **Oktober***

die **Oma**, die Omas

der **Onkel**, die Onkel

der **Opa**,
die Opas

## P

**packen*** –
er packt

der **Partner**,
die Partner

**pfeifen*** –
er pfeift, er pfiff

das **Pferd**,
die Pferde

die **Pflanze**,
die Pflanzen

der **Pinsel**,
die Pinsel

der **Platz**,
die Plätze

das **Pony***,
die Ponys

das **Popcorn***

die **Pumpe***,
die Pumpen

## QU

das **Quadrat**,
die Quadrate

der **Quatsch**

die **Quelle**,
die Quellen

## R

der **Rabe**,
die Raben

**raten*** –
er rät, er riet

die **Ratte***,
die Ratten

die **Raupe**,
die Raupen

**rechnen** –
er rechnet

**reden** – er redet

der **Regen**

**reiben*** –
er reibt, er rieb

**reisen** –
er reist

**reißen*** –
er reißt, er riss

die **Reparatur***,
die Reparaturen

**riechen** –
er riecht, er roch

der **Ring**,
die Ringe

**rollen** – er rollt

**rot**

**rufen** –
er ruft, er rief

**rund**

## S

die **Sache** ,
die Sachen

der **Saft***,
die Säfte

**sagen** –
er sagt

das **Salz**,
die Salze

**sammeln*** –
er sammelt

der **Samstag***,
die Samstage

**satt***

der **Satz**,
die Sätze

**saugen*** –
er saugt

das **Schaf**,
die Schafe

**schauen*** –
er schaut

**scheinen** –
er scheint,
er schien

**schenken** –
er schenkt

die **Schere**,
die Scheren

**schlafen** –
er schläft,
er schlief

**schlecht**

**schließlich***

**schlimm**

**schmecken*** –
er schmeckt

die **Schnecke***,
die Schnecken

der **Schnee**

**schneiden** –
er schneidet,
er schnitt

**schnell**

**schon**

**schön**

**schreiben** –
er schreibt,
er schrieb

die **Schule**,
die Schulen

**schützen** –
er schützt

**schwarz**

**schweigen*** –
er schweigt,
er schwieg

die **Schwester**,
die Schwestern

**sechs**

der **See**,
die Seen

**sehen*** –
er sieht, er sah

**sehr**

die **Seife**,
die Seifen

**sein** –
er ist, wir sind

die **Seite**,
die Seiten

die **Sekunde***,
die Sekunden

der **September***

**setzen*** –
er setzt

**sie**

**sieben**

der **Sieg***,
die Siege

**singen** –
er singt, er sang

**sinken*** –
er sinkt, er sank

**sitzen** –
er sitzt, er saß

die **Skizze**,
die Skizzen

das **Smartphone***,
die Smartphones

**so**

**sollen** –
er soll

der **Sommer**,
die Sommer

die **Sonne**,
die Sonnen

der **Sonntag***,
die Sonntage

**sparen** –
er spart

**spielen** –
er spielt

**spitz***

die **Spitze**,
die Spitzen

der **Sport**

**sprechen*** –
er spricht,
er sprach

**springen** –
er springt,
er sprang

der **Stab***,
die Stäbe

**stark**

**steigen** –
er steigt, er stieg

der **Stein**,
die Steine

**stellen** – er stellt

der **Stern**,
die Sterne

das **Steuer***, die Steuer

der **Stick*, **die Sticks

der **Stiel*, **die Stiele

die **Straße**, die Straßen

der **Strauß***, die Sträuße

die **Stunde**, die Stunden

**suchen** – er sucht

**süß***

## T

der **Tag**, die Tage

die **Tante**, die Tanten

die **Tasche**, die Taschen

die **Tasse***, die Tassen

**tasten*** – er tastet

das **Taxi, **die Taxis

das **Telefon**, die Telefone

der **Teller***, die Teller

der **Text, **die Texte

**tief**

der **Tisch**, die Tische

die **Tomate**, die Tomaten

**tragen*** – er trägt, er trug

der **Traum***, die Träume

**trinken** – er trinkt, er trank

**trocken***

**tun** – er tut, er tat

**turnen** – er turnt

## U

**üben** – er übt

**über**

die **Uhr**, die Uhren

**um**

**und**

## V

der **Vampir***, die Vampire

die **Vase,** die Vasen

der **Vater,** die Väter

**verletzen*** – er verletzt

**verlieren** – er verliert, er verlor

**verstecken** – er versteckt

**viel**

**vier**

der **Vogel**, die Vögel

die **Vorfahrt***

die **Vorsicht***

**vom***

**von***

**vor**

**vorher***

## W

**wachsen*** – er wächst, er wuchs

die **Waffel***, die Waffeln

**während***

**wann**

**warm***

**warten** – er wartet

**was**

**waschen*** – er wäscht, er wusch

das **Wasser**, die Wasser

**wechseln*** – er wechselt

der **Weg,** die Wege

**weil**

**weinen** – er weint

**weit**

**weiter**

**wer**

**werden** – er wird, er wurde

**werfen** – er wirft, er warf

das **Wetter***, die Wetter

die **Wiese**, die Wiesen

**wild***

der **Wind**, die Winde

**winken*** – er winkt

der **Winter**, die Winter

**wir**

**wo**

die **Woche**, die Wochen

der **Wolf**, die Wölfe

die **Wolke**, die Wolken

**wollen** – er will, er wollte

das **Wort**, die Worte

**wünschen** – er wünscht

die **Wurst**, die Würste

die **Wurzel**, die Wurzeln

## X

## Y

## Z

die **Zahl**, die Zahlen

**zahlen** – er zahlt

**zählen** – er zählt

der **Zahn**, die Zähne

der **Zaun***, die Zäune

**zehn**

**zeigen** – er zeigt

die **Zeit**, die Zeiten

das **Zelt**, die Zelte

die **Ziege**, die Ziegen

**ziehen** – er zieht, er zog

**zielen** – er zielt

das **Zimmer**, die Zimmer

**zuletzt**

**zusammen**

**zwei**

der **Zwerg***, die Zwerge

**zwölf ***

RS = Richtig schreiben  S = Schreiben  SU = Sprache untersuchen  Sp = Sprechen  W = Wiederholung

# Inhaltsverzeichnis